EVOLUTION

First published by 2023 by What on Earth Publishing

Text © Sarah Darwin and Eva-Maria Sadowski

Illustrations © Olga Baumert

Korean translation rights © 2025 by BOOK21 Publishing Group

Korean translation rights are arranged with What on Earth Publishing Ltd. through AMO Agency

이 책의 한국어판 저작권은 AMO 에이전시를 통해 저작권자와 독점 계약한 ㈜북이십일에 있습니다.
저작권법에 의해 한국 내에서 보호를 받는 저작물이므로 무단 전재와 무단 복제를 금합니다.

진화
생명의 기원부터 현재까지
EVOLUTION

일러두기

1. 이 책에 나오는 지질시대 명칭은 대한지질학회에서 제공하는 국제지질연대층서표와 지질학백과를 참고하였습니다.

2. 이 책에 나오는 생물 중 한국어 이름(국명)이 없는 경우에는 영어 이름을 번역하여 사용하였습니다.

3. 학명은 라틴어 발음 규범에 따랐으며, 이탤릭체로 표기했습니다.

Natural History Museum

진화 생명의 기원부터 현재까지
EVOLUTION

생물학자가 들려주는 멋지고 놀라운 진화의 역사

세라 다윈 & 에바 마리아 샤도우스키

독일 베를린 자연사 박물관 연구원 글

올가 바우머트 그림 **이한음** 옮김

아울북

차례

들어가는 말 ·· 6-7

다윈과 월리스 ·· 8-9
자연 선택 ·· 10-11
생존 게임 ·· 12-13
모든 것의 시작 ·· 14-15
지구가 흔들흔들! ·· 16-17
생명으로 가득한 바다 ·· 18-19
새로운 집을 찾아 나서다 ·· 20-21
놀라운 화석 ·· 22-23
동물이 발을 얻다 ·· 24-25
습지의 거인들 ·· 26-27
얼음집에서 온실로 ·· 28-29
기후 변화의 원인 ·· 30-31
공룡의 시대 ·· 32-33
티라노사우루스와 꽃의 출현 ·· 34-35

함께 진화하기 ··· 36-37
포유류의 시대 ··· 38-39
초원과 풀을 뜯는 동물들 ······························ 40-41
조류의 성공 ·· 42-43
인류의 진화 ·· 44-45
인류가 세계를 바꾸다 ··································· 46-47
인류가 만든 세상 ··· 48-49
미래 ··· 50-51
생명의 나무 ·· 52-53
세계 지도 ··· 54-55

용어 설명 ··· 56-57
찾아보기 ·· 58-59
참고 자료 ··· 60-61
자연사 박물관 소장자료 ································ 62
저자 소개 ··· 63

눈부신 생물다양성

지구는 수많은 생명으로 가득하다. 이들은 기고, 뛰고, 날고, 헤엄치고, 바람에 떠다니고 때로는 그저 가만히 기다리고 있다. 이처럼 온갖 다양한 생물들을 통틀어 '생물다양성'이라고 한다. 지금까지 인간이 이름을 붙인 생물은 약 200만 종이다. 종이란 교배하며 자손을 남길 수 있는 개체들의 집단을 말한다. 어떤 과학자는 우리가 지구에 사는 전체 종의 10퍼센트 정도만 밝혀냈을 뿐이라고 주장한다! 이곳은 브라질에 있는 아마존 우림이다. 아마존에는 수만 종의 동물, 식물, 균류가 살고 있으며, 아직 발견하지 못한 종도 아주 많다.

들어가는 말

진화의 세계에 온 것을 환영해요! 우리와 함께 지구의 역사를 따라 여행하면서 자연 세계를 만든 여러 사건을 만나 봐요. 진화란, 시간이 흐르며 생물이 점차 변해 가는 것을 말해요. 환경에 적응하기 위해서요.

우리는 이 책에서 진화가 어떻게 일어나는지 설명할 거예요. 과거에 살았던, 또는 지금도 볼 수 있는 놀라운 동물과 식물은 물론 균류를 소개할게요. 식물이 어떻게 육지를 정복했고, 동물이 어떻게 다리를 얻게 되었는지, 또 공룡이 사실은 멸종하지 않았다는 이야기도 들려줄 거예요. 그리고 우리가 아침밥을 꼭꼭 씹어 먹게 된 것도 수많은 진화가 일어난 덕분이라는 사실도요!

여행에 도움을 주기 위해 몇몇 페이지 아래쪽에는 지질 연대표를 실었어요. 지구가 생겨난 뒤부터 지금까지, 지구에 일어난 사건들을 시간 순서에 따라 정리한 표랍니다. 시대별로 이름과 기간이 나뉘어 있어요.

이뿐만 아니라 진화의 수수께끼를 푸는 데 도움을 준 중요한 사람들도 소개할게요. 지금 이 시간에도 과학자들의 발견이 이루어지고 있기에, 우리는 최신 정보를 담으려고 애썼어요. 하지만 새로운 사실이 끊임없이 밝혀질 테고, 진화 이야기는 계속 이어질 거랍니다……

Sarah & Eva 세라와 에바

다윈과 월리스

수천 년 동안 사람들은 지구에 얼마나 다양한 생물이 살고 있는지 궁금해했습니다. 세계 곳곳에서 자연 세계를 설명하는 다양한 신화와 전설이 생겨났지요. 그러던 18세기 중반, 찰스 다윈과 앨프리드 러셀 월리스가 생명의 다양성을 과학적으로 설명하는 놀라운 이론을 내놓았습니다. 바로 자연 선택을 통한 진화였습니다.

초기 개념

17-18세기 어떤 자연사학자(지금의 생물학자)는 생물이 사는 동안에 어떤 형질 또는 특징을 발전시킬 수 있다고 생각했다. 그리고 그 특징은 자식에게 이어진다고 보았다. 이 개념을 '종의 변환'이라고 불렀다. 무척 흥미로운 과학적 설명이었지만, 지금 보면 매우 단순하다.

기린의 목은 사람들이 종의 변환을 어떤 방식으로 상상했는지를 잘 보여주는 사례다. 기린이 나무 꼭대기에 달린 잎을 따 먹으려고 목을 계속 뻗으면 목이 점점 길어질 것이다.

길어진 목은 자식에게 대대로 이어질 것이다.

원대한 모험

다윈과 월리스는 공통점이 많다. 둘 다 영국에서 태어났고 자연 탐사를 즐겼는데, 특히 딱정벌레 채집을 가장 좋아했다. 둘 다 먼 곳으로 탐험을 떠나고 싶어 했고, 각자 그 꿈을 이루게 되었다. 다윈은 1831년부터 1836년까지 비글호를 타고 세계 여러 곳을 항해했다. 월리스는 1848년부터 1852년까지 남아메리카를 돌았고, 1854년부터 1862년까지 동남아시아를 탐사했다.

비글호

거인의 어깨 위에 선 놀라운 업적들

다윈과 월리스는 자기 주변의 세계를 주의 깊게 관찰했다. 또한 수많은 책을 읽었고, 당대의 위대한 사상가들과 교류했다. 다음은 다윈과 월리스를 포함해, 이들에게 영향을 끼친 사람들이다.

Ⓐ 왼쪽 찰스 다윈(1809-1882)
오른쪽 앨프리드 러셀 월리스(1823-1913)
다윈과 월리스는 거의 동시에 자연을 통한 진화론을 내놓았다.

Ⓑ 존 스티븐스 헨슬로(1796-1861)
식물 종 내의 변이를 연구했다.

Ⓒ 찰스 라이엘(1797-1875)
현대 지질학의 기본 개념을 제시했다. 당시 많은 사람의 생각과 달리 지구의 나이가 훨씬 많다는 사실을 밝혔다.

Ⓓ 메리 애닝(1799-1847)
최초로 익티오사우루스 화석을 발견했고, 그 외에도 멸종한 해양 생물의 화석을 많이 발견했다.

Ⓔ 존 허셜(1792-1871)
자연 세계를 이해하기 위해서는 관찰과 같은 과학적 방법이 필요하다고 주장했다.

Ⓕ 조르주 퀴비에(1769-1832)
동물해부학의 선구자로, 생물이 멸종할 수 있다는 사실을 밝혔다.

Ⓖ 장 바티스트 라마르크(1744-1829)
유명한 저서 『동물 철학』에서 변이를 다루었다.

Ⓗ 알렉산더 폰 훔볼트(1769-1859)
자연 세계를 과학적 방법으로 조사했다. 다윈과 월리스는 그의 책을 읽고 탐험을 꿈꾸었다.

Ⓘ 이래즈머스 다윈(1731-1802)
찰스의 할아버지로, 찰스보다 70년 앞서 진화에 관한 글을 썼다. 그러나 진화가 어떻게 일어나는지는 알지 못했다.

Ⓙ 토머스 맬서스(1766-1834)
인구의 증가가 식량 부족으로 이어질 것이라고 주장했다. 다윈과 월리스는 동물에게도 적용되는 문제라고 보았다.

관찰

다윈과 월리스는 새로운 지역에 갈 때마다 그곳에 사는 다양한 생물들을 보고 무척 놀랐다. 그리고 어떻게 이처럼 다양한 종들이 생겨나고 시간이 지남에 따라 변화하는지 생각하기 시작했다. 오랫동안 관찰하고 생각이 서서히 쌓인 끝에 그들은 각자 나름의 결론에 이르렀다.

글립토돈

아르마딜로

고대 친척들

다윈은 남아메리카에서 멸종한 거대 동물들의 화석을 발견했다. 이 화석들을 자세히 살피자 현생 동물들과 닮은 점들이 보였다. 예를 들어, 멸종한 글립토돈의 화석은 아르마딜로와 생김새가 비슷했다. 다윈은 이 동물들 사이에 어떤 관련이 있는지 생각했다.

월리스 선

월리스가 아시아에 있을 때, 수수께끼 같은 현상을 발견했다. 현재 인도네시아의 발리를 포함한 서쪽 섬과 롬복을 포함한 동쪽 섬에 사는 동물들이 전혀 다르게 생겼던 것이다. 나중에 이 섬들 사이에 깊은 해구가 있어서 동물이 분리되어 진화했다는 사실이 밝혀졌다. 해수면이 낮았을 때도 동물들은 여전히 깊은 해구를 넘어가지 못했다. 이 경계선을 월리스의 이름을 따서 '월리스 선'이라고 부른다.

똑 닮은 이론

다윈과 월리스는 각자 진화의 과정을 설명하는 이론을 내놓았다. 세계 항해를 마치고 돌아온 다윈은 20년 넘게 이론을 계속 다듬었다. 그러는 동안 동남아시아에 있던 월리스도 이론을 만든 뒤, 다윈에게 보내어 의견을 구했다. 다윈은 월리스의 이론이 자신의 이론과 거의 똑같다는 것을 알고 깜짝 놀랐다! 두 사람은 자연 선택이라는 개념을 통해 진화가 어떻게 이루어지는지 설명했다. 자연 선택은 진화를 일어나게 하고 새로운 종을 탄생시키는 과정이다.

18세기 중반, 런던 벌링턴 하우스에 있던 린네협회.

널리 알리다

1858년, 다윈과 월리스의 이론이 런던의 린네협회에서 발표되었다. 처음에는 큰 주목을 받지 못했다. 다음 해에 다윈은 『종의 기원』(1859)이라는 책을 통해 자기 이론을 설명했고, 대중과 언론의 수많은 관심을 받게 되었다. 진화를 이야기할 때 종종 다윈의 이름만 언급되는 것도 이 때문일 것이다. 월리스도 나중에 진화에 관한 책을 쓰고 『다윈주의』(1889)라는 제목을 붙였다.

진화 혁명

진화라는 개념 자체는 새로운 것이 아니었지만, 다윈과 월리스의 이론은 매우 혁신적이었다. 진화가 자연 선택을 통해 일어난다고 설명했기 때문이다. 이후 자연 세계와 그 안에 있는 인간을 바라보는 관점이 바뀌었다. 다윈과 월리스의 이론은 계속해서 증명되고 있다. 이 둘은 함께 영예를 누리는 것이 마땅하다.

자연 선택

진화가 일어나는 데는 여러 요인이 있지만, 그중에서 주요한 원동력은 자연 선택입니다. 자연 선택은 크게 세 가지 요소를 가집니다. 변이, 유전, 생존 경쟁이지요. 이 요소들의 조합으로 같은 종에 속한 개체들의 집단(개체군)은 자기 환경에 적응할 수 있습니다. 시간이 흐르면 개체군들이 서로 달라지고, 다른 종으로 분화하지요. 다윈과 월리스는 자연 선택이 수백만 년에 걸쳐서 천천히 일어난다고 생각했고, 실제로 대부분이 그렇습니다. 그러나 최근 연구에 따르면, 진화가 겨우 몇 세대 만에 일어나는 경우도 있습니다.

변이

같은 종에 속한 개체들은 서로 조금씩 다르다. 이러한 차이를 변이라고 하며, 모든 생물은 변이를 지닌다. 예를 들어 정원달팽이는 껍데기 색깔에 변이가 있다. 분홍색, 노란색, 갈색을 띠는 것도 있고, 줄무늬가 있거나 없을 수도 있다. 하나의 개체군에서 다양한 변이가 나타날 수도 있다. 특정 변이가 한 지역에서 더 많이 발견되기도 하는데, 이는 주변 환경에 숨기 좋은 색깔을 가지고 있기 때문이다.

정원달팽이는 유럽 전역에서 흔히 볼 수 있는 달팽이 종으로 숲, 초원, 공원, 정원에 산다.

유전

아이들(그리고 모든 생물의 자식들)은 생물학적 부모로부터 변이를 물려받는다. 변이는 키나 머리색 같은 겉모습일 수 있다. 생물은 부모의 한쪽 또는 양쪽, 친척과도 닮는다. 이 공원에 있는 가족에게서도 서로 닮아 있는 특징을 찾을 수 있다. 한 가족 안에서도 꽤 많은 변이가 나타나기도 한다.

생존 경쟁

야생의 모든 개체가 살아남아 자식을 남기는 것은 아니다. 환경에 더 적합한 변이를 지닌 개체는 살아남아 자식을 남길 가능성이 더 높다. 예를 들어, 모든 참나무는 새로운 참나무로 자랄 수 있는 도토리를 수천 개씩 맺는다. 그러나 많은 도토리와 어린나무가 동물의 먹이가 되어 사라진다. 또 모든 도토리가 나무로 자랄 수 있을 만큼 물이나 공간 같은 자원이 풍족하지도 않다. 그런데 어떤 참나무 종은 어린나무의 잎에 독성이 있어 스스로를 보호할 수 있다. 이런 나무는 살아남아 같은 형질을 자식에게 물려줄 것이다. 이와 같은 생존 경쟁으로 개체군 내에서 어느 변이가 성공적으로 번식하고 또 어느 변이가 사라질지 결정된다.

DNA 놀이터

다윈과 월리스가 자연 선택을 통한 진화론을 내놓은 것은 데옥시리보핵산, 줄여서 디엔에이(DNA)로 불리는 물질이 발견되기 전이었다. DNA는 모든 생물의 세포 안에 들어 있으며, 성장하고 발달하는 데 필요한 명령문을 담고 있다. DNA는 변이, 유전, 생존 경쟁에 모두 관여한다.

변이 – DNA에 일어나는 무작위적인 변화, 즉 돌연변이로 발생한다.

유전 – 개체는 부모로부터 DNA를 물려받는다. 따라서 변이도 다음 세대로 전달된다.

생존 경쟁 – 개체군에서 어떤 변이가 살아남고 어떤 변이가 사라질지 결정한다.

이 놀이 기구는 DNA의 이중 나선을 닮았다.

생존 게임

자연 선택이 일어나고 있는 가상의 초원을 상상해 봐요. 야생에서는 끊임없이 생존 게임이 벌어지고 있으며, 살아남기란 언제나 쉽지 않습니다. 아래 징검다리를 건너가면서 자연 선택의 세 가지 중요한 요소를 살펴봅시다.

1 봄이 왔다. 햇빛이 반짝이고, 초록 잎들과 꽃들이 활짝 피어난다. 어느 날, 몇 마리 토끼가 풀밭에 와서 맛있는 식물을 먹기 시작한다.

2 토끼들은 식물의 부드러운 푸른 잎을 뜯어 먹는다. 잎은 대부분 매끄러운 표면을 가지고 있지만, **변이**가 생긴 것도 있다. 식물의 DNA에 무작위로 돌연변이가 일어나서 잎에 날카로운 가시가 생긴 것이다. 토끼들은 먹기 힘든 이런 잎들을 피한다.

3 토끼는 잎이 매끄러운 식물을 먹고, 새끼도 많이 낳게 되었다. 새끼들도 모두 매끄러운 잎을 먹는다. 곧 풀밭에서 매끄러운 잎을 찾기 힘들어진다.

4 매끄러운 잎을 가진 식물은 새싹을 내자마자 토끼에게 먹혀 버린다! 대부분이 꽃이나 씨를 만들지 못한다는 뜻이다. **생존 경쟁**이 시작된다. 가시 달린 잎을 가진 식물은 토끼에게 먹히지 않기 때문에 꽃을 많이 피운다.

5 가을이 되면 가시 달린 잎을 가진 식물은 씨를 많이 맺고, 씨앗들은 바람에 날려서 초원으로 퍼진다. 이러한 형질은 다음 세대로 **유전**된다.

6 초원에 토끼들이 살기 시작하고 여러 해가 지난 뒤, 가시 잎을 가진 식물 변이는 큰 성공을 거두었다. 환경에 적응한 것이다. 즉, 자연은 변이를 선택했다. 자연 선택이 이루어진 것이다.

7 잎이 매끈한 식물은 다른 풀밭에서 잘 자랄 수도 있지만, 이곳에서는 더 이상 찾아볼 수 없다. 이 풀밭에서 멸종한 것이다.

8 잎이 매끈한 식물과 잎에 가시가 달린 식물은 이제 격리되어 두 개의 개체군을 형성한다. 오랜 시간이 흐르면 서로 너무 달라져 다시 같은 풀밭에서 자라도 교배가 불가능해진다. 다른 종이 된 것이다.

그 뒤로 행복하게 살았거나… 아니면?

자연에서 살아간다는 것은 쉽지 않다. 변하는 환경과 기후, 새로운 문제들에 적응해야 하기 때문이다. 하지만 적응에는 아주 오랜 시간이 걸린다. 토끼와 가시 달린 잎은 가상의 한 사례일 뿐이다. 풀밭에 사는 다른 동물과 식물들은 어떻게 진화할까?

영리한 여우 한 마리가 풀밭으로 들어와서 토끼를 사냥한다고 상상해 보자. 토끼 수가 줄어들자 잎이 매끈한 식물도 흙에서 싹을 틔워 다시 자랄 기회를 얻는다.

아니면 입 주변의 피부가 좀 더 두꺼운 돌연변이 토끼가 태어날지도 모른다. 이러한 변이를 가진 토끼는 가시 달린 잎을 뜯어 먹을 수 있기 때문에 생존에 유리한 입장에 놓이게 된다. 반면 가시 달린 잎은 이전만큼 살아남기 쉽지 않을 것이다.

풀밭에서 또 어떤 일이 일어날 수 있을까? 한번 생각해 보자.

모든 것의 시작
명왕누대와 시생누대

우리 태양계에는 태양과 여덟 개의 행성, 수많은 위성과 혜성, 우주 암석이 있습니다. 태양계는 먼지와 가스로 이루어진 거대한 구름이 중력의 작용으로 서로를 끌어당기면서 형성되었습니다. 구름의 한가운데에 뭉친 것들은 태양이 되었고, 남은 잔해들은 태양의 강력한 중력에 붙들려 주위를 돌게 되었지요. 이렇게 지구를 비롯한 행성들이 생겨났습니다.

1 | 46억-40억 년 전
뜨겁다, 뜨거워

우주 밖에서 거대한 암석들이 계속 지구로 쏟아졌다. 암석들이 뭉치면서 지구는 점차 커졌다. 계속되는 충돌로 지구는 점점 더 뜨거워졌고, 결국 녹아서 아주 뜨거운 액체 마그마 덩어리가 되었다. 철과 니켈 같이 무겁고 밀도가 높은 물질은 중심으로 가라앉아 금속 핵이 되었다. 밀도가 낮은 물질은 위로 떠올라 맨틀이 되었다. 이윽고 표면이 식고 암석이 굳으면서 지각이 되었다.

2 | 42억-38억 년 전
첨벙!

갓 생겨난 지구는 너무 뜨거워서 표면에 물이 고일 수가 없었다. 하지만 지구가 식기 시작하면서 물이 생겨났다. 과학자들은 지구가 형성될 당시 지구 내부에서 물이 생겼다고 생각한다. 소행성과 혜성이 지구에 충돌하며 물을 가져왔다는 주장도 있다.

3 | 40억-25억 년 전
초기 생명의 탄생

지구에 생명이 어떻게 출현했는지를 설명하는 이론은 많다. 어떤 과학자는 적절한 화학 물질이 섞여 있는 따뜻한 연못에 번갯불이 내리쳐서 생명의 기본 요소들이 만들어졌다고 생각한다. 다른 과학자는 생물을 구성하는 기본 물질이 운석에 실려 지표면에 떨어졌다고 주장한다. 또 수천 미터 아래 화학 물질을 뿜는 심해 열수 분출구 주변에서 생명이 최초로 출현했다고 추측하는 과학자도 있다.

지질 연대표

| 46억-40억 년 전 명왕누대 | 40억-25억 년 전 시생누대 | 25억-5억 3,880만 년 전 원생누대 | 5억 3,880만-4억 8,540만 년 전 캄브리아기 | 4억 8,540만-4억 4,380만 년 전 오르도비스기 | 4억 4,380만-4억 1,920만 년 전 실루리아기 | 4억 1,920만-3억 5,890만 년 전 데본기 |

4 | 37-35억 년 전
산소의 기원

남세균은 지구에 출현한 최초의 유기체(생물) 중 하나로, 지금까지 살고 있다. 남세균은 태양에서 에너지를 얻고 산소를 노폐물로 배출한다. 이러한 과정을 '광합성'이라고 한다. 남세균은 군체를 형성하면서 끈적한 물질을 분비하는데, 이때 암석 알갱이들이 달라붙어 쌓인다. 이렇게 형성된 바닷속 암초를 스트로마톨라이트라고 한다.

한발 앞선 과학자

찰스 라이엘(1797-1875)과 **메리 호너 라이엘**(1808-1873)은 동료 과학자이자 부부였다. 찰스는 메리의 도움을 받아, 침식같이 지표면에서 일어나는 다양한 자연 현상이 과거에도 일어났다는 사실을 발견했다. 이러한 자연 현상들은 아주 느린 속도로 진행되기 때문에, 라이엘은 당시 사람들이 생각했던 것보다 지구의 나이가 훨씬 더 많다고 주장했다. 이러한 발견을 토대로 다윈과 월리스는 진화도 아주 느리게 일어난다고 생각하게 되었다.

5 | 33-32억 년 전
야호, 육지다!

이 시기에 지구는 운석과 소행성 같은 우주 암석들이 끊임없이 쏟아지고 있었기 때문에, 생물이 살기 힘든 환경이었다. 바다는 부글부글 끓고 있었고, 대기는 이산화탄소와 질소, 수증기로 가득했다. 최초의 대륙은 지각 아래에서 뜨거운 마그마가 솟구치며 수면 위로 밀려 올라온 암석 덩어리에서 생겨났다.

6 | 25-21억 년 전
산소 대폭발 사건

시간이 흐르면서 점점 불어난 남세균은 광합성을 하며 엄청난 양의 산소를 대기로 뿜어냈다. 높은 산소 농도는 이에 익숙하지 않았던 수많은 세균에게 독이나 마찬가지였다. 지구를 따뜻하게 유지해주는 이산화탄소, 메탄 같은 대기 중의 온실가스가 줄어들자 빙하기가 찾아왔다. 바다와 육지 대부분이 얼음으로 뒤덮였다.

광합성

광합성은 대부분의 식물과 일부 세균 내부에서 일어나는 반응이다. 광합성은 태양으로부터 받은 빛 에너지를 이용해 물과 이산화탄소를 포도당과 산소로 바꾼다. 포도당은 생물의 주요 에너지원이다. 남세균은 광합성을 한 최초의 생물로 여겨진다. 식물의 진화는 훨씬 뒤의 일이다.

햇빛 + 이산화탄소 + 물 → 산소

이렇게 만들어진 **포도당**은 식물이 성장하고 번식하는 데 사용된다.

광합성 반응식:
햇빛 + 이산화탄소 + 물 → 포도당 + 산소

| 3억 5,890만-2억 9,890만 년 전 석탄기 | 2억 9,890만-2억 5,190만 년 전 페름기 | 2억 5,190만-2억 130만 년 전 트라이아스기 | 2억 130만-1억 4,500만 년 전 쥐라기 | 1억 4,500만-6,600만 년 전 백악기 | 6,600만-2,300만 년 전 고진기 | 2,300만-258만 년 전 신진기 | 258만 년 전-현재 제4기 |

지구가 흔들흔들!

지구가 언제나 같은 모습이었던 것은 아닙니다. 과거에는 대륙과 바다가 지금과 다른 장소에 있었고, 지금도 계속 움직이고 있습니다. 수십억 년에 걸쳐, 대륙들은 거대한 초대륙으로 뭉쳤다가 다시 나뉘었습니다. 대륙의 이동으로 기후와 해류가 달라졌습니다. 산맥이 생기는 등 자연 경관도 바뀌었지요. 이 모든 변화는 생물의 진화와 확산에도 영향을 주었습니다.

한발 앞선 과학자

알프레트 베게너(1880-1930)는 어떤 대륙들의 해안선이 마치 퍼즐 조각을 맞추듯 딱 들어맞는다는 사실을 발견했다. 베게너는 지구의 지도를 살펴보고 각 지역의 암석과 화석을 비교했으며, 연구한 내용을 바탕으로『대륙과 해양의 기원』이라는 책을 썼다. 그는 이 책에서 대륙은 오랜 시간에 걸쳐 이동한다는 대륙 이동설을 주장했다.

커다란 퍼즐 조각

지구 내부는 케이크처럼 여러 층으로 되어 있다. 가장 바깥쪽에 있는 암석권은 수많은 지각판으로 이루어져 있다. 지각판은 뜨겁고 점성이 높은 맨틀 위에 떠 있다. 지각판은 연간 몇 밀리미터에서 5센티미터 넘게도 이동하는데, 그 위에 있는 대륙도 함께 움직인다. 지각판들이 만나는 곳에서는 대규모 지진과 화산 활동이 자주 일어나고, 땅의 모양도 바뀐다. 약 2억 5,000만 년 전, 모든 대륙이 하나의 땅덩어리였을 때부터 살펴보자.

1.

2억 5,000만 년 전 트라이아스기 (32-33쪽)
초대륙 판게아가 형성되었다.

2.

1억 5,000만 년 전 쥐라기 (32-33쪽)
판게아가 두 대륙으로 갈라졌다. 북쪽 대륙은 로라시아, 남쪽 대륙은 곤드와나라고 부른다.

3.

1억 년 전 백악기 (34-35쪽)
각각의 대륙들이 서서히 멀어졌다.

4.

현재, 제4기 (44-49쪽)
대륙들은 지금도 움직이고 있다.

5.

미래, 약 2억 2,000만 년 뒤
다시 초대륙이 형성될 것으로 추정된다.

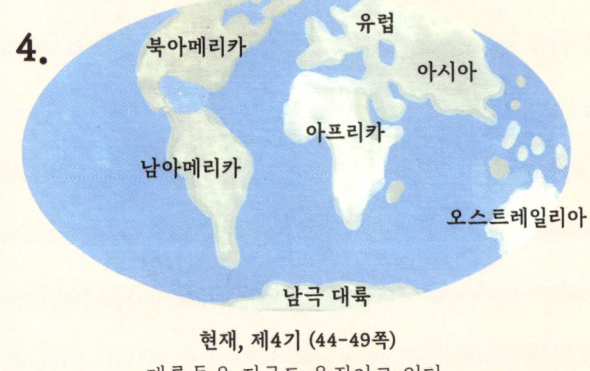

움직이는 우림

대륙이 지각판과 움직일 때, 생물들도 같이 움직인다. 식물과 화석의 분포를 살펴보면, 오스트레일리아, 남극 대륙, 남아메리카, 뉴질랜드가 과거에 곤드와나를 이루었다는 사실을 알 수 있다. 곤드와나에는 우림이 아주 많았고, 대부분의 땅이 얕은 바다에 잠겨 있었다. 현재 오스트레일리아에서 볼 수 있는 몇몇 식물들은 곤드와나에서 자라던 식물의 친척뻘이다.

오늘날 오스트레일리아 퀸즐랜드주에 있는 곤드와나 열대 우림

갈라파고스 제도

갈라파고스 제도는 에콰도르 해안에서 약 1,000킬로미터 떨어진 태평양의 섬들이다. 해양판 중 하나인 나스카판의 가장자리에 분포하고 있으며, 화산 활동으로 형성되었다. 이곳의 섬들은 용암이 굳어서 생겨났기 때문에, 처음에는 생물이 전혀 살지 않았다. 시간이 흐르면서 멀리 살던 생물들이 날아오거나 떠내려오거나 붙잡힌 채로 섬으로 들어왔다. 넓은 바다는 마치 장벽 같아서 섬으로 들어온 동식물들은 원래 살던 곳이나 다른 곳에 사는 동식물과 격리되고 말았다. 그 결과 섬의 동식물들은 독립적으로 진화하여 새로운 종이 되었다.

현재 갈라파고스 제도에는 세계 어느 곳에서도 볼 수 없는 동물, 식물, 균류가 많이 살고 있다. 갈라파고스땅거북을 예로 들어 보자. 아마도 남아메리카에서 떠내려온 땅거북들이 여러 섬에 정착했고, 각기 새로운 종으로 진화했을 것이다. 1835년에 이 섬을 찾은 찰스 다윈은 주민들이 거북의 등딱지 모양만 보고 어느 섬에 사는지 구별한다는 사실에 주목했다.

안장 모양의 등딱지를 가진 갈라파고스땅거북은 주로 지대가 낮고 건조한 섬에 산다. 등딱지의 목 부위가 위로 굽어서 목을 쭉 내밀어 높이 자라는 식물을 뜯어 먹을 수 있다. 이렇게 길게 뻗을 수 있는 목은 몸이 뒤집혔을 때 똑바로 서는 데 도움이 될 것이다!

돔 모양의 등딱지를 가진 갈라파고스땅거북은 주로 습한 고지대가 있는 섬에 산다. 이곳은 식물이 낮게 자라기 때문에 뜯어 먹기 쉽다.

생명으로 가득한 바다
원생누대와 캄브리아기

수십억 년 동안 지구에는 세균을 비롯한 원핵생물들만 살고 있었습니다. 그러다가 환경이 변하면서 더 복잡한 생물이 나타나기 시작했습니다. 이중 진핵생물이라는 집단이 가장 먼저 출현했고, 식물, 동물, 균류가 진화하는 데 매우 중요한 역할을 했습니다.

1 | 영원한 친구
약 18억 년 전

많은 과학자가 진핵생물은 한 원핵생물이 다른 원핵생물을 삼켜서 생겨났다고 생각한다. 원핵생물 안에 다른 원핵생물이 함께 살게 되면서 새로운 생물이 된 것이다. 이 과정은 두 원핵생물 모두에게 이득이었다. 주인은 손님을 보호했고, 손님은 주인에게 에너지를 제공했다. 시간이 흐르면서 또 다른 원핵생물들이 들어왔다. 진핵생물이 삼킨 남세균은 엽록체가 되었다. 엽록체는 광합성을 하면서 진핵생물에 영양을 제공했다. 이러한 결합으로 진핵생물은 더 복잡한 생물로 진화할 수 있었다.

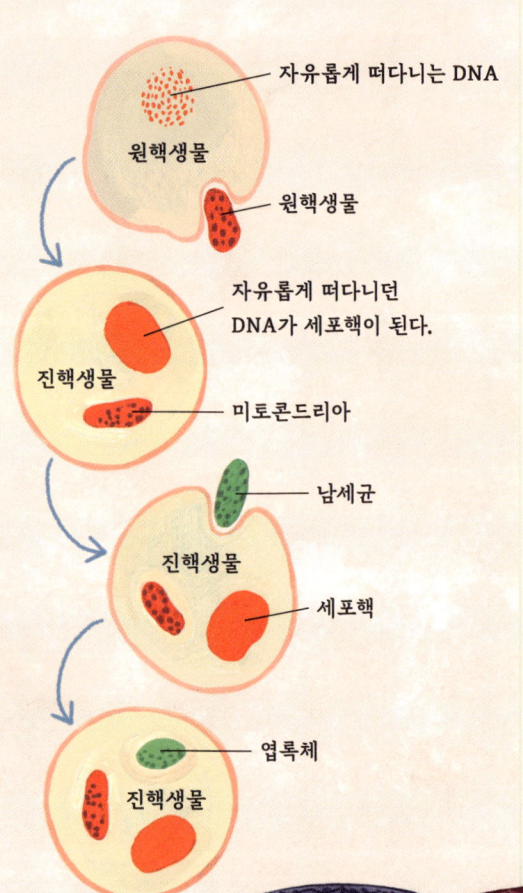

A. 한 원핵생물이 다른 원핵생물을 삼킨다. 삼켜진 원핵생물은 에너지를 만드는 미토콘드리아가 된다.

B. 진핵세포라고 불리는 새로운 세포가 만들어진다. 세포는 모든 생물의 기본 구성 단위다. 이 진핵생물은 동물과 균류로 진화한다.

C. 진핵세포가 남세균을 삼키면, 남세균은 엽록체가 된다.

D. 엽록체는 광합성을 통해 세포에 에너지를 제공한다. 이 진핵생물은 식물로 진화한다.

2 | 최초의 식물
12-10억 년 전

최초의 식물은 아마 해조류와 비슷했을 것이다. 길이가 겨우 2밀리미터였고, 얕은 바다에 살았다.

한발 앞선 과학자

린 마굴리스(1938-2011)는 '주인' 원핵생물과 '손님' 원핵생물이 진핵생물로 진화하는 과정을 밝혀냈다. 마굴리스의 연구는 지구 생명의 진화를 바라보는 관점을 완전히 바꾸어 놓았다.

지질 연대표

- 46억-40억 년 전 명왕누대
- 40억-25억 년 전 시생누대
- 25억-5억 3,880만 년 전 원생누대
- 5억 3,880만-4억 8,540만 년 전 캄브리아기
- 4억 8,540만-4억 4,380만 년 전 오르도비스기
- 4억 4,380만-4억 1,920만 년 전 실루리아기
- 4억 1,920만-3억 5,890만 년 전 데본기

3 | 6억 3,500만-5억 3,880만 년 전
에디아카라 정원

최초의 동물은 에디아카라기의 바다에 살았다고 알려져 있다. 에디아카라기는 원생누대가 끝나갈 무렵의 시대다. 어떤 동물은 해저에 붙어 살았고, 어떤 동물은 자유롭게 움직이며 먹이를 잡아먹었다.

- 스와르트푼티아
- 아르카루아
- 스프리기나
- 디킨소니아
- 벤토기루스
- 하오리아
- 카르니오디스쿠스
- 나마칼라루스

4 | 약 5억 3,880만-4억 8,500만 년 전
새로운 종들의 등장

오늘날 몇몇 동물들의 조상은 캄브리아기에 처음 나타났다. 캄브리아기에는 다양한 종류의 동물들이 갑작스럽게 출현했는데, 이를 '캄브리아기 대폭발'이라고 한다. 최초로 단단한 껍데기를 지닌 동물이 등장했고, 사나운 포식자도 돌아다녔다. 이 시기에 에디아카라기 동물들은 멸종했다. 아마도 새롭게 나타난 종들과의 경쟁에서 밀렸거나, 혹은 산소가 부족해졌기 때문일 것이다.

할루키게니아는 등을 따라 긴 가시가 나 있었다. 처음에 과학자들은 이 가시들이 다리라고 생각했다.

삼엽충은 마디로 이루어진 단단한 외골격을 가진 절지동물이었다. 오늘날의 곤충처럼 여러 개의 작은 눈이 모여 만든 겹눈 구조를 지니고 있었다.

피카이아는 납작한 물고기를 닮은 동물로, 지느러미가 있었다. 지금의 척추동물에게 있는 척수와 유사한 '척삭'을 가지고 있었다.

코노돈트는 뱀장어를 닮았다. 입에는 날카롭고 뾰족한 이빨이 여러 줄로 나 있었다.

오파비니아는 곤충, 거미, 게와 같은 절지동물의 조상이라고 추측된다. 버섯 모양의 눈이 5개 있었고, 대롱 같은 주둥이로 먹이를 잡아먹었다.

에노크리노이드는 해저에 붙어 자라며 물에서 먹이를 걸러 먹었다. 오늘날 성게가 속한 극피동물의 초기 형태였다.

아노말로카리스는 몸길이가 2미터까지 자라는 무시무시한 포식자였다. 먹이를 사냥할 때 사용한 두 개의 부속지*에는 날카로운 가시가 나 있었다.

*부속지: 몸통 밖으로 튀어나온 기관

| 3억 5,890만- 2억 9,890만 년 전 석탄기 | 2억 9,890만- 2억 5,190만 년 전 페름기 | 2억 5,190- 2억 130만 년 전 트라이아스기 | 2억 130만- 1억 4,500만 년 전 쥐라기 | 1억 4,500만- 6,600만 년 전 백악기 | 6,600만- 2,300만 년 전 고진기 | 2,300만- 258만 년 전 신진기 | 258만 년 전- 현재 제4기 |

새로운 집을 찾아 나서다
오르도비스기와 실루리아기

오르도비스기에는 따뜻하고 얕은 바다가 육지 대부분을 덮고 있었고, 덕분에 해양 생물들이 새롭게 자리를 잡게 되었습니다. 육지에서도 변화가 일어났습니다. 작은 식물들이 바위에 달라붙어 자랐고, 균류가 거대한 나무처럼 높이 솟아올랐습니다.

1 | 최초의 육상 식물
4억 8,540만-4억 4,380만 년 전

대부분의 과학자는 최초의 육상 식물이 오르도비스기에 출현했다고 생각한다. 이들은 작고, 땅에 붙어 자랐으며, 홀씨(포자)로 번식했다. 홀씨는 새로운 식물로 자랄 수 있는 작은 세포를 말한다. 균류가 죽은 물질을 분해해서 흙을 만들었고, 덕분에 육상 식물이 자리를 잡게 되었다. 화석 기록에 따르면 균류는 약 10억 년 전에 최초로 등장했으며, 최초의 육지 생물 중 하나라고 여겨진다.

프로토락시테스는 오르도비스기 말과 실루리아기에 가장 큰 육지 생물이었다. 키가 8미터까지 자라는 거대한 균류였을 것이다.

최초의 육상 식물

노래기를 닮은 **프네우모데스무스 네우마니이**는 땅을 기어다니던 최초의 동물이었을 것이다. 몸에 난 작은 구멍으로 공기 호흡을 했다.

2 | 오르도비스기 바다
4억 8,540만-4억 4,380만 년 전

다양한 산호와 해면동물, 그 밖의 동물들이 모여 사는 커다란 암초가 바다를 가득 메웠다. 당시 등장한 이끼벌레(태형동물) 같은 몇몇 동물은 오늘날까지 살고 있다. 이끼벌레는 단단한 껍질 속에서 군체를 이루어 산다. 지금은 멸종했지만, 필석류라고 불리는 동물도 살고 있었다.

필석류는 군체를 이루어 둥둥 떠다니거나 해저에 붙어 살았다.

완족류는 조개처럼 껍데기가 있으며, 부드러운 자루를 사용해 해저에 붙어 지냈다. 물에서 먹이를 걸러 먹었다.

앵무조개류는 길이가 5미터까지 자라는 관 모양 껍데기에 둘러싸여 있었다. 친척뻘인 오늘날의 오징어와 문어처럼 촉수로 먹이를 사냥했다.

이끼벌레 (태형동물)

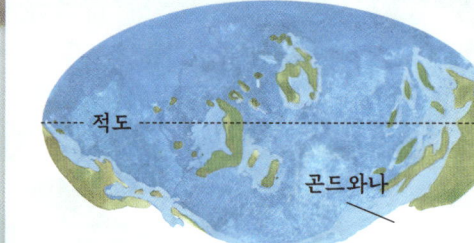
적도 — 곤드와나

3 | 오르도비스기 대멸종
4억 4,520만-4억 4,380만 년 전

오르도비스기 말에 곤드와나 대륙이 남극으로 이동하면서 점점 얼음으로 뒤덮였다. 빙하가 쌓이면서 지구 온도가 떨어지고 해수면이 낮아졌다. 이 때문에 해양 동물의 약 85퍼센트가 멸종했다. 뒤이어 일어난 수많은 화산 활동으로 이산화탄소가 대기로 뿜어졌다.

지질 연대표

| 46억-40억 년 전 명왕누대 | 40억-25억 년 전 시생누대 | 25억-5억 3,880만 년 전 원생누대 | 5억 3,880만-4억 8,540만 년 전 캄브리아기 | 4억 8,540만-4억 4,380만 년 전 오르도비스기 | 4억 4,380만-4억 1,920만 년 전 실루리아기 | 4억 1,920만-3억 5,890만 년 전 데본기 |

5 | 양분의 이동
4억 3,300만-3억 9,300만 년 전

쿡소니아는 최초의 육상 관다발 식물이다. 관다발이란 식물이 물과 양분을 운반하는 특수한 관을 말한다. 몇 센티미터밖에 되지 않는 작은 식물이었지만, 쿡소니아의 관다발 구조는 식물 진화의 기반을 마련했다. 쿡소니아는 물가에 살았고 홀씨로 번식했다. 과학자들은 쿡소니아가 뿌리와 비슷한 구조로 흙 위에 자리 잡아 양분과 물을 빨아들였을 것이라고 본다.

쿡소니아

한발 앞선 과학자

구라타니 시게루(1958-현재)는 현존하는 유일한 무악어류인 칠성장어와 먹장어를 연구하고 있다. 특히 구라타니는 새끼의 발달 과정을 살펴보며 머리의 어느 부분이 턱으로 진화했는지를 연구한다.

4 | 실루리아기 바다
4억 4,380만 년-4억 1,920만 년 전

오르도비스기 대멸종 이후, 바다에서는 새로운 생물들이 진화했다. 그중에는 뛰어난 포식자도 있었다.

암모나이트는 나선형으로 말린 껍데기를 가졌고, 앵무조개류에서 진화했다.

바다전갈은 광익류라고도 부르며, 2.5미터 이상까지 자라는 무시무시한 포식자였다. 단단한 집게발과 가시로 먹이를 붙잡아 으스러뜨렸다.

갑주어는 캄브리아기에 처음 출현했다. 단단한 뼈판으로 뒤덮인 외골격을 가지고 있었으며, 내골격은 좀 더 부드러운 연골로 이루어져 있었다. 턱은 없었다.

턱의 진화

어류에게서 턱의 진화는 대단히 중요했다. 턱을 가진 물고기는 먹이를 물고 씹을 수 있었기에 뛰어난 포식자가 되었다. 어떤 과학자는 턱이 입 근처에 있는 아가미활에서 진화했다고 주장한다. 활 모양의 뼈들이 점차 합쳐져서 턱뼈가 되었다는 것이다.

1. 아가미활
2. 아가미활이 턱으로 변한다.
3. 턱에서 이빨이 난다.

| 3억 5,890만-2억 9,890만 년 전 석탄기 | 2억 9,890만-2억 5,190만 년 전 페름기 | 2억 5,190만-2억 130만 년 전 트라이아스기 | 2억 130만-1억 4,500만 년 전 쥐라기 | 1억 4,500만-6,600만 년 전 백악기 | 6,600만-2,300만 년 전 고진기 | 2,300만-258만 년 전 신진기 | 258만 년 전-현재 제4기 |

놀라운 화석

화석은 마치 퍼즐 조각 같습니다. 조각들을 끼워 맞추면 과거의 환경이 드러나기도 하고, 생물의 진화에 관한 정보도 많이 얻을 수 있습니다. 화석은 약 1만 년 전부터 10억 년 전의 것까지 폭넓게 발견됩니다. 화석이 없었다면 우리는 지구의 역사를 거의 알지 못했을 겁니다.

흔적 남기기

동물이 남긴 흔적도 화석이 될 수 있다. 동물이 판 굴, 발자국, 심지어 똥도 화석이 된다. 특히 배설물 화석은 분석이라고 부른다. 동물이 질벅거리는 진흙을 밟고 가면 발자국이 남는다. 진흙이 굳고 퇴적물에 덮이면, 훗날 흔적 화석이 된다.

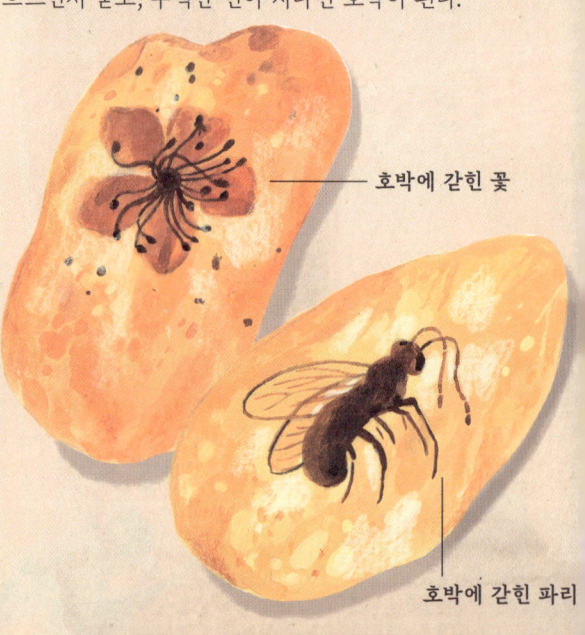

진흙 위에 발자국을 남기고 있는 땅늘보

화석은 어떻게 만들어질까?

화석은 특수한 조건 아래서만 아주 드물게 만들어진다. 생물이 죽으면 대부분 청소동물에게 먹히거나 균류 및 세균에 분해되고 만다. 하지만 가끔 화산재나 진흙 같은 퇴적물에 덮이면 부패가 느리게 진행되면서 화석이 될 수 있다. 조건에 따라서 생기는 화석의 형태도 달라진다. 달팽이를 예로 들어 살펴보자.

① 달팽이가 죽는다.

② 몸의 부드러운 부위는 썩어 없어지고, 단단한 껍데기만 남는다.

③

몰드*
껍데기는 썩고, 퇴적층 표면에 찍힌 자국이 남는다. 여기에 다른 퇴적층이 쌓이면서 껍데기 모양의 흔적이 화석으로 남는다.

또는 캐스트**
껍데기를 덮은 퇴적층이 굳어서 암석이 된다. 껍데기가 썩고 빈자리만 남는다. 이 공간에 퇴적물이 들어와 껍데기 모양대로 굳는다.

또는 광물화 작용
껍데기가 퇴적물로 완전히 뒤덮인다. 껍데기 주변의 광물이 껍데기로 스며들면서 서서히 성분이 대체된다. 껍데기가 암석화된다.

*몰드: 원하는 모양을 만드는 틀.
**캐스트: 몰드에 찍혀 나온 모양.

껍데기가 찍힌다. | 껍데기는 녹아서 사라지고 빈자리는 퇴적물로 채워진다. | 껍데기가 광물로 대체된다.

껍데기 모양이 암석에 남는다. | 껍데기 모양이 찍혀 나온다. | 껍데기가 암석이 된다.

끈적끈적

화석이 만들어지는 방법이 또 하나 있다. 곤충, 거미, 꽃과 잎처럼 크기가 작은 생물이 끈적거리는 나뭇진에 갇혔을 때다. 나뭇진은 시간이 흐르면서 굳고, 수백만 년이 지나면 호박이 된다.

— 호박에 갇힌 꽃

— 호박에 갇힌 파리

미화석

미화석은 현미경으로 봐야 할 만큼 아주 작은 화석이다. 미화석은 규조류 같은 단세포 조류나 꽃가루, 물고기의 비늘처럼 생물의 작은 부분에서 생긴 것이다.

시계초 꽃가루

해바라기 꽃가루

소나무 꽃가루

꽃가루는 꽃이 번식하기 위해 만드는 매우 작은 알갱이를 말한다.

규조류는 물에 사는 매우 작은 단세포 생물이다.

한발 앞선 과학자

메리 애닝(1799-1847)은 영국의 쥐라기 해안에서 화석을 채집했다. 이 해안 지역에서 산사태가 나면서 공룡이 살았던 쥐라기 시대의 화석이 모습을 드러냈다. 메리는 12세 때 오빠와 함께 멸종한 해양 파충류인 익티오사우루스의 화석을 최초로 발견했고, 나중에 플레시오사우루스 화석도 두 개 더 발견했다. 메리의 업적은 고생물학에 큰 영향을 미쳤다.

화석의 연대를 측정하는 방법

① 지층 순서

화석의 나이를 알아내는 한 가지 방법은 얼마나 깊이 묻혔는지 살펴보는 것이다. 일반적으로 아래쪽 지층에 있는 화석이 더 오래되고, 위쪽 지층의 화석이 더 최근에 생긴 것이다.

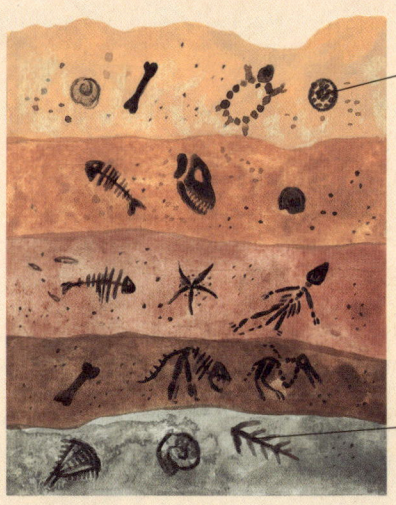

최근에 생성된 화석

더 오래된 화석

② 이웃 찾기

어떤 화석의 연대를 알면, 근처에서 발견되는 다른 화석들의 연대도 알아낼 수 있다. 예를 들어, 세계에서 가장 큰 암모나이트인 파라푸조시아 세펜라덴시스는 약 8,000만 년 전에 살았다. 그 주위에서 발견된 화석들도 연대가 비슷할 것이다.

파라푸조시아 세펜라덴시스 화석

③ 원소 검사

화성암에는 방사성 원소가 포함되어 있다. 방사성 원소는 일정한 시간이 흐르면서 새로운 원소로 변한다. 과학자들은 암석에 원래 있었던 원소(노란 점)의 양과 새롭게 생긴 원소(파란 점)의 양을 비교해서 암석의 나이를 알아낸다. 화석의 위쪽 지층과 아래쪽 지층의 나이를 계산하면, 화석의 연대 범위를 알 수 있다.

방사성 원소가 포함된 더 최근의 화성암

지층 속에 있는 화석

방사성 원소가 포함된 더 오래된 화성암

동물이 발을 얻다
데본기

데본기에는 새로운 일들이 많이 일어났습니다. 새롭게 출현한 어류는 나중에 육지에서 살 수 있는 척추동물이 되었습니다. 잎과 씨를 가진 목본 식물이 진화하여 동물들에게 또 다른 먹이와 서식처를 주었습니다. 데본기 말에는 꽃식물을 제외한 모든 주요 육상 식물이 진화한 상태였지요.

1 | 극어류
4억 1,920만 년-2억 9,000만 년 전

데본기의 바다에는 극어류가 가득했다. 극어류는 날렵한 몸과 큰 눈을 가졌다. 몸은 비늘로 덮여 있었으며, 가시 같은 지느러미로 자신을 보호했다. 오늘날 상어의 조상이라고 추정된다.

조기어류

2 | 경골어류의 진화
약 4억 년 전

실루리아기 말, 단단한 뼈대를 지닌 경골어류가 진화했다. 데본기에 경골어류는 부채 같은 지느러미를 가진 조기어류와 통통한 지느러미를 가진 육기어류로 갈라졌다. 조기어류는 오늘날 가장 큰 어류 집단으로, 금붕어와 연어가 여기에 속한다.

3 | 거대한 판피어류
3억 8,200만-3억 5,800만 년 전

판피어류는 턱을 갖추었고, 머리와 몸 앞부분이 단단한 뼈판으로 덮여 있다. 실루리아기에 처음 출현했지만, 실제로 번성한 시기는 데본기였다. 판피어류 중 가장 큰 편에 속하는 둔클레오스테우스는 몸길이가 7미터까지 자랐다. 매우 사나운 포식자로, 입에 난 뼈판으로 먹이를 씹어 먹었다.

4 | 습지 생물
4억 1,000만 년 전과 그 이후

초기 육상 식물은 습지와 습지 주변에 살았으며, 땅속에 사는 균류의 한 종류인 균근균과 공생 관계를 맺었다. 균근균은 식물의 뿌리를 닮은 구조와 결합해 식물이 쉽게 양분을 흡수하도록 도왔다. 균근균은 흙에서 분해한 물질로부터 양분을 만들었는데, 식물은 보답으로 광합성으로 생산한 포도당을 균근균에 제공했다. 물속과 땅 위에도 작은 동물들이 많이 살고 있었다.

*라이니아*는 가지를 뻗는 작은 식물이었다.

*리니엘라*는 최초의 곤충으로 알려져 있다.

*팔라이오카리누스*는 거미처럼 생긴 포식자였다.

| 지질 연대표 | 46억-40억 년 전 명왕누대 | 40억-25억 년 전 시생누대 | 25억- 5억 3,880만 년 전 원생누대 | 5억 3,880만- 4억 8,540만 년 전 캄브리아기 | 4억 8,540만- 4억 4,380만 년 전 오르도비스기 | 4억 4,380만- 4억 1,920만 년 전 실루리아기 | 4억 1,920만- 3억 5,890만 년 전 데본기 |

5 | 약 3억 9,000만 년 전
최초의 나무줄기

아르카이오프레시스는 단단한 목질부와 잎을 가진 최초의 식물이다. 지구 최초로 숲을 이룬 나무이기도 하다. 목질부는 나무의 구조 중에서 식물이 몸을 지탱하고 더 크게 자랄 수 있게 해주는 부분이다. 잎도 중요한 진화적 발전이었다. 잎은 식물이 광합성을 할 수 있는 표면적을 최대로 늘려준다.

7 | 3억 8,500만 년 전
홀씨에서 씨로

씨를 맺는 식물이 처음 출현했다. 덕분에 식물은 물가에서 살지 않아도 되었다. 씨는 배(새로운 식물이 되는 부분)가 마르지 않도록 보호해주는 역할을 한다. 또한 씨 안에는 발아할 때 쓸 양분도 들어 있다.

8 | 3억 7,100만 년-3억 5,900만 년 전
또다시 대멸종!

데본기 말 대멸종이 발생한 원인을 설명하는 몇 가지 이론이 있다. 어떤 과학자는 육지의 새로운 식물들이 바다로 흘려보낸 양분 때문이라고 추측했다. 그래서 바다에 조류가 급속도로 늘어났고, 산소가 고갈되었다고 본다. 또 식물의 확산으로 대기 중에 이산화탄소의 양이 줄었다. 이 때문에 기온이 떨어져 빙하가 늘어나고, 해수면이 낮아졌다. 그 결과 바다에 살던 생물의 약 4분의 3이 사라지고 말았다.

아르카이오프레시스

6 | 3억 9,000만 년-3억 6,500만 년 전
지느러미에서 다리로

육기어류는 모든 육상 척추동물의 조상으로 여겨진다. 육기어류는 가슴지느러미부터 어깨와 뒷지느러미 그리고 골반까지 연결된 특수한 뼈를 가졌다. 나중에 이 뼈들은 다리로 진화했다. 육기어류 중 하나인 엘피스토스테게는 근육질 지느러미를 사용해 땅 위로 기어 올라갈 수 있었다.

엘피스토스테게는 아가미와 허파가 있어서 물 안팎에서 숨을 쉴 수 있었다.

한발 앞선 과학자

에밀리아 이바노프나 보로비예바(1934-2016)는 어류 화석과 현존하는 척추동물을 조사하며, 육상 척추동물의 팔다리와 육기어류 사이의 연관성을 연구했다.

3억 5,890만-2억 9,890만 년 전	2억 9,890만-2억 5,190만 년 전	2억 5,190-2억 130만 년 전	2억 130만-1억 4,500만 년 전	1억 4,500만-6,600만 년 전	6,600만-2,300만 년 전	2,300만-258만 년 전	258만 년 전-현재
석탄기	페름기	트라이아스기	쥐라기	백악기	고진기	신진기	제4기

습지의 거인들
석탄기

석탄기에는 적도 주위에 따뜻하고 습한 습지들이 생겨났습니다. 이 습지에서는 거대한 곤충이 날아다녔고, 온전히 물 밖에서 사는 척추동물도 출현했습니다.

노목류
(칼라미테스)

종자고사리
(메둘로사)

1 3억 5,800만 년-3억 500만 년 전
습지에서 석탄이 생겨나다

습지에서 살던 식물은 대부분 나무만큼 큰 석송류와 양치류였다. 습지 식물이 죽으면 금방 퇴적물이 쌓여서 느리게 부패하였고, 오랜 세월이 흘러 석탄이 되었다. 18세기부터 사람들은 본격적으로 석탄을 채굴해서 전기를 생산하고 난방을 하는 데 사용했다.

멜리츠스칼라는 날개가 달린 곤충 중에서 가장 오래된 것으로 알려져 있다. 날개폭은 약 2.5센티미터였다.

나무고사리
(프사로니우스)

2 약 3억 4,800만 년 전
단계적인 진화

척추동물이 물에서 육지로 올라온 과정은 아주 오랜 시간 천천히 이루어졌다. 석탄기 초에 온전히 육지에서만 사는 척추동물이 처음으로 진화했다. 이 동물들은 튼튼한 다리와 등뼈를 가지고 있어서 물 밖에서도 몸을 지탱할 수 있었다. 또 머리 위에 눈이 달려 있어서 육지에서 더 잘 볼 수 있게 되었다.

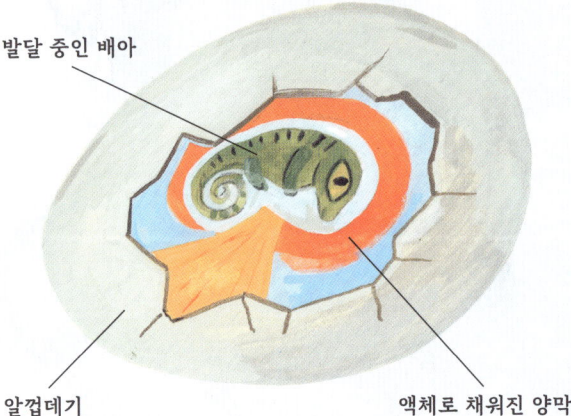

발달 중인 배아
알껍데기
액체로 채워진 양막

메가네우라는 가장 큰 잠자리였다. 날개폭은 70센티미터에 달했다.

3 3억 4,000만 년 전
아늑하고 안전한 연못

육상 척추동물은 놀라운 진화를 이루었다. 바로 양막이 있는 알, '양막란'이 생긴 것이다. 알 내부를 감싸는 양막 안에는 액체가 가득 차 있었고, 새끼는 주머니 형태의 막 안에서 안전하게 발달할 수 있었다. 양막란의 진화 덕분에 척추동물은 물을 떠나 육상에서 살 수 있게 되었다.

4 3억 2,500만 년 전
하늘을 지배하다

곤충은 데본기부터 있었지만, 석탄기에는 다양하고 많은 종으로 진화해서 널리 퍼졌다. 곤충은 비행 능력을 개발한 최초의 동물이었다.

| 지질 연대표 | 46억-40억 년 전 명왕누대 | 40억-25억 년 전 시생누대 | 25억-5억 3,880만 년 전 원생누대 | 5억 3,880만-4억 8,540만 년 전 캄브리아기 | 4억 8,540만-4억 4,380만 년 전 오르도비스기 | 4억 4,380만-4억 1,920만 년 전 실루리아기 | 4억 1,920만-3억 5,890만 년 전 데본기 |

석송류
(레피도덴드론)

5 | 거대 곤충과 절지동물
약 3억 2,320년-2억 9,890만 년 전

절지동물이란 곤충, 바닷가재, 거미처럼 외골격으로 둘러싸여 있고 관절로 된 다리를 지닌 동물을 말한다. 이 시기에 일부 절지동물은 엄청난 크기로 자랐다. 이러한 변화를 설명하는 이론이 몇 가지 있다. 당시 대기의 산소 농도는 지금보다 높았다. 아마도 습지 식물의 광합성 때문이었을 것이다. 풍부한 산소 덕분에 곤충을 비롯한 절지동물들은 크게 진화할 수 있었다. 또 다른 이론에서는 비행하며 사냥하는 포식자가 없었기 때문에 곤충과 절지동물이 더 크게 자랄 수 있었다고 설명한다.

한발 앞선 과학자

앨프리드 셔우드 로머(1894-1973)는 고대 양서류와 파충류 같은 육상 척추동물과 이들 사이의 연관성을 연구했다.

6 | 사라진 석탄기의 습지
3억 500만 년 전

습지에 죽은 식물들이 쌓이고, 오랜 시간이 흘러 석탄이라는 화석이 되었다. 탄소가 석탄 형태로 땅속에 저장되었기 때문에, 대기 이산화탄소 농도가 줄었고, 지구의 기온이 또다시 떨어지고 말았다! 빙하가 퍼져나갔고, 대륙을 뒤덮은 얼음은 적도까지 이르렀다. 대부분의 물이 얼어붙는 바람에 해수면이 낮아졌다. 또 이 시기에는 대륙들이 서로 가깝게 모이면서 기후가 더욱 건조해졌고, 무성했던 습지는 점차 줄어들었다. 거대하게 자랐던 노목류, 칼라미테스를 비롯한 많은 식물들이 사라졌다.

풀모노스코르피우스라는 전갈은 최대 70센티미터까지 자랐다.

에리옵스는 석탄기 말에 처음 출현했고 페름기에 번성했다. 몸길이는 2미터에 달했고, 먹이를 통째로 삼키는 무시무시한 사냥꾼이었다.

7 | 위대한 포식자
3억 년 전

양서류는 일생의 대부분을 육지에서 사는 최초의 척추동물 중 하나였다. 오늘날 양서류는 대부분 개구리와 두꺼비처럼 작지만, 예전에는 아주 거대했다. 지금의 개구리처럼 물에다 알을 낳았고, 새끼는 올챙이처럼 아가미가 있었다. 다 자라면 허파가 생겨 육지에서 살 수 있었다.

아르트로플레우라와 같은 거대 노래기는 최대 2.4미터까지 자랐다.

| 3억 5,890만-2억 9,890만 년 전 석탄기 | 2억 9,890만-2억 5,190만 년 전 페름기 | 2억 5,190만-2억 130만 년 전 트라이아스기 | 2억 130만-1억 4,500만 년 전 쥐라기 | 1억 4,500만-6,600만 년 전 백악기 | 6,600만-2,300만 년 전 고진기 | 2,300만-258만 년 전 신진기 | 258만 년 전-현재 제4기 |

얼음집에서 온실로
페름기

페름기가 시작될 무렵, 거대한 땅덩어리들이 하나로 모여 초대륙 판게아를 형성했습니다. 판게아는 아주 컸기 때문에 바다의 수분이 중심부까지 다다를 수 없었습니다. 이 때문에 기온이 오르면서 빙하와 빙원이 녹고 사막이 생겼으며, 뜨겁고 건조한 환경에서 살 수 있는 육상 척추동물이 번성했습니다. 페름기는 지구 역사상 가장 심각했던 대멸종으로 막을 내렸습니다.

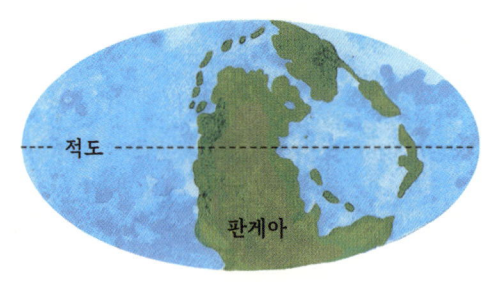

1 | 2억 9,890만 년 전과 그 이후
파충류가 적응하다

이 시기에는 많은 종류의 파충류가 땅을 기어다녔다. 이들은 피부 표면을 덮은 비늘이 몸에서 수분이 증발하는 것을 막아준 덕분에 건조한 기후에 잘 적응할 수 있었다. 파충류는 기온에 따라 체온이 변하는 변온동물이었기 때문에, 햇볕을 쬐어 몸을 따뜻하게 했다. 이는 오늘날의 파충류도 마찬가지다. 초기 파충류는 몸집이 작았지만, 점점 커지는 쪽으로 진화했다.

코엘루로사우라부스는 날개처럼 펼쳐지는 피부막을 사용해 나무 사이를 활공했다.

스쿠토사우루스는 단단한 갑옷 같은 피부로 몸을 보호했다.

에우디바무스는 두 다리로 걸은 최초의 동물 중 하나였다. 몸길이는 25센티미터 정도로 작았다.

2 | 2억 9,890만 년 전과 그 이후
단궁류가 번성하다

단궁류라는 새로운 동물 집단이 석탄기에 출현했고, 페름기 동안 수많은 새로운 종으로 진화했다.

디메트로돈은 등에 커다란 돛이 나 있었다. 과학자들은 돛으로 체온 조절을 했을 거라 추측한다. 또한 이성의 관심을 끌거나 포식자를 겁주는 데 사용했을지도 모른다.

디익토돈은 굴속에서 살면서 새끼를 길렀다.

모스콥스는 머리뼈가 두꺼웠다. 경쟁자와 박치기 싸움을 할 때 사용했을지도 모른다.

| 지질 연대표 | 46억-40억 년 전 명왕누대 | 40억-25억 년 전 시생누대 | 25억-5억 3,880만 년 전 원생누대 | 5억 3,880만-4억 8,540만 년 전 캄브리아기 | 4억 8,540만-4억 4,380만 년 전 오르도비스기 | 4억 4,380만-4억 1,920만 년 전 실루리아기 | 4억 1,920만-3억 5,890만 년 전 데본기 |

한발 앞선 과학자

비르발 사흐니(1891-1949)는 고식물학자로, 식물 화석을 연구했다. 사흐니가 연구했던 글로소프테리스라는 식물은 인도가 원래 판게아의 일부였다는 증거가 되었다. 글로소프테리스 화석은 과거 한 덩어리로 뭉쳐 있었다가 떨어져 나간 대륙의 지역에서 발견된다.

3 | 약 2억 9,000만 년 전과 그 이후
겉씨식물의 구과

종자식물이라고도 불리는 겉씨식물은 데본기에 처음 출현하고, 페름기에 번성했다. 겉씨식물의 씨는 과육 안에 숨어 있는 것이 아니라 솔방울 같은 '구과' 형태로 맺힌다. 겉씨식물의 잎은 보호막이 두껍게 감싸고 있기 때문에 수분 증발이 적어 건조한 지역에서도 살 수 있다.

소철류는 지금도 세계 여러 지역에서 볼 수 있다. 구과 안의 씨는 화려한 색깔을 띠기도 한다.

볼치알레스는 오늘날의 소나무를 비롯한 침엽수의 조상이다.

은행나무류 중에서는 은행나무 단 한 종만이 살아남았다. 열매처럼 통통한 씨를 맺는다.

4 | 약 2억 7,000만 년 전과 그 이후
포유류가 등장하다

일부 단궁류는 털과 같은 포유류의 특징들을 서서히 갖추기 시작했고, 나중에 포유류로 진화했다. 페름기 이후의 단궁류 화석들은 초기 진화의 증거를 보여준다.

프로키노수쿠스는 단궁류의 일종이자 포유류의 조상이다. 힘센 꼬리를 사용해 지금의 악어와 비슷한 방식으로 헤엄쳤다.

놀라운 청력

포유류가 청력이 뛰어난 이유 중 하나는 귓속뼈를 가지고 있기 때문이다. 귓속뼈는 망치뼈, 모루뼈, 등자뼈라고 부르는 세 개의 작은 뼈로 이루어져 있다. 이 조그만 뼈들은 턱뼈가 변해서 생긴 것이다. 이러한 진화 과정은 단궁류 화석에서 살펴볼 수 있다. 사람을 포함한 포유류는 고대의 턱으로 소리를 듣는 것이다!

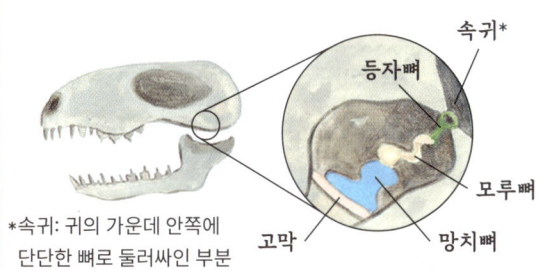

*속귀: 귀의 가운데 안쪽에 단단한 뼈로 둘러싸인 부분

5 | 약 2억 5,200만 년 전
페름기 말 대멸종

100만 년 넘게 지속된 거대한 화산 폭발로 엄청난 가스가 대기로 뿜어져 나와서 급격한 기후 변화가 일어났다. 그 결과 지구 온난화가 일어났고, 대부분의 육상 생물과 거의 모든 해양 생물들이 멸종되었다.

| 3억 5,890만-2억 9,890만 년 전 석탄기 | 2억 9,890만-2억 5,190만 년 전 페름기 | 2억 5,190-2억 130만 년 전 트라이아스기 | 2억 130만-1억 4,500만 년 전 쥐라기 | 1억 4,500만-6,600만 년 전 백악기 | 6,600만-2,300만 년 전 고진기 | 2,300만-258만 년 전 신진기 | 258만 년 전-현재 제4기 |

기후 변화의 원인

기후는 기온과 강수량처럼 해마다 되풀이되는 평균적인 대기 상태를 가리킵니다.
맑게 갠 날이나 폭풍처럼 특정 지역의 일상적인 대기 상태를 나타내는 날씨와는 다르지요.
지구의 기후는 여러 요인으로 오랜 세월에 걸쳐 서서히 변해왔습니다.
약 200년 전부터는 인류도 기후 변화의 주된 요인 중 하나가 되었습니다.

지구가 따뜻한 이유

지구는 생명이 살기에 딱 알맞은 온도를 갖추고 있다. 대기 중의 일부 기체가 온실의 유리처럼 작용해 열을 가두기 때문이다. 지금까지 지구에서는 화산 활동을 비롯한 여러 자연 현상들로 이산화탄소와 메탄 같은 온실가스가 대기로 뿜어져 나왔다. 온실가스의 농도가 줄어들면, 지구는 추워진다. 반대로 온실가스의 농도가 높아지면 지구는 더워진다.

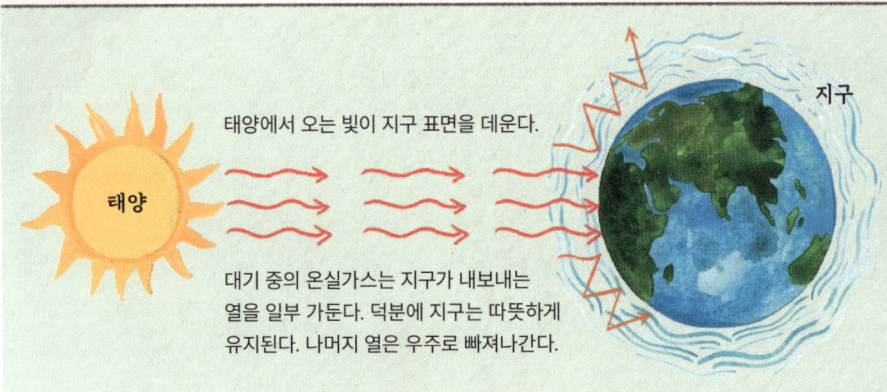

밀란코비치 주기

지난 250만 년 동안 지구는 추운 시기와 더운 시기가 반복되었다. 과학자들은 지구 공전 궤도와 자전 각도가 주기적으로 변하면서 지구가 받는 태양 에너지의 양도 달라진다고 본다. 추운 빙하기와 따뜻한 간빙기가 반복되는 것이다. 이처럼 큰 규모의 주기적인 기후 변화를 '밀란코비치 주기'라고 한다.

1. 지축은 언제나 기울어져 있지만, 그 각도는 41,000년마다 변한다. 각도가 크면 극지방이 태양 쪽으로 기울어져 햇빛을 많이 받아 여름에는 더 더워진다. 각도가 작으면 극지방이 받는 햇빛은 줄어들어 덜 따뜻해진다.

2. 빙글빙글 도는 팽이의 회전축이 조금씩 흔들리듯이, 지축 역시 조금씩 흔들린다. 이 때문에 지구에서 태양과 가까워지고 멀어지는 부분이 매년 달라진다.

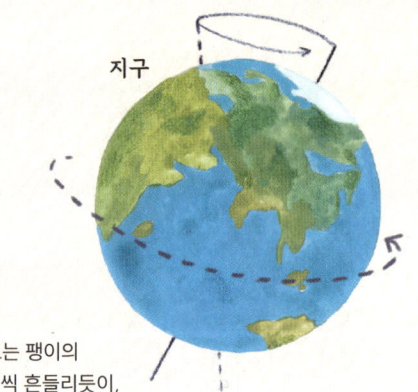

한발 앞선 과학자

밀란코비치 주기는 **밀루틴 밀란코비치**(1879-1958)의 이름을 땄다. 밀란코비치는 지구 궤도와 자전축 기울기에 따라 지구가 받는 태양 에너지의 양이 어떻게 달라지는지 계산했다. 덕분에 자연적인 기후 변화를 어느 정도 설명할 수 있게 되었다. 그의 계산법은 아직도 사용되고 있다.

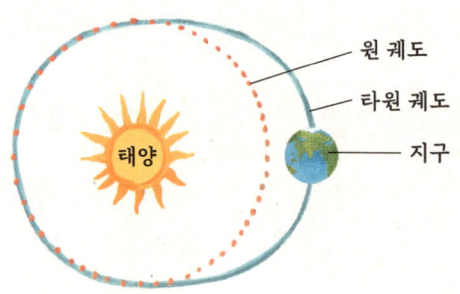

3. 지구가 태양을 도는 궤도도 영향을 미친다. 지구의 공전 궤도는 원형에 가깝지만, 10만 년 간격으로 살짝 긴 타원형으로 늘어난다. 그 결과 지구는 태양을 한 바퀴 도는 동안 가까웠다가 멀어진다.

알베도 효과

지구의 기온에 영향을 미칠 수 있는 요인이 또 하나 있다. 바로 '알베도 효과'다. 얼음이나 눈으로 된 하얀 표면은 짙은 색을 띤 땅보다 태양 에너지를 더 많이 반사한다. 따라서 얼음으로 덮인 지역이 많아질수록 지구는 더 추워진다.

거대 동물의 멸종

기후 변화는 특정 지역의 생물다양성에 엄청난 영향을 미칠 수 있다. 과학자들은 약 1-2만 년 전에 발생한 기후 변화로 북아메리카에 살던 거대 동물들이 멸종했다고 생각한다. 인류의 사냥도 멸종 원인 중 하나였을 것이라고 추측한다.

현재의 기후 위기

대기 중의 온실가스는 자연적으로 발생한다. 그러나 지난 200년 사이, 온실가스가 갑자기 증가했다. 인류가 동력을 얻기 위해 화석 연료를 태우고 많은 가축을 기르기 시작했기 때문이다. 화석 연료를 태우면 이산화탄소가 배출되고, 소와 같은 가축이 내뿜는 트림과 방귀에서는 메탄이 발생한다. 여러 원인으로 온실가스의 양이 늘어나면서 대기에 더 많은 열이 갇히게 되었고, 지금의 기후 위기가 일어났다.

공룡의 시대
트라이아스기와 쥐라기

페름기 대멸종 이후, 새롭고 다양한 생물이 진화했습니다. 몇몇 파충류는 바다에서 크게 번성했고, 크고 작은 공룡들이 육지를 돌아다니기 시작했습니다. 지각판이 이동하면서 판게아는 두 대륙으로 쪼개졌고, 그 사이로 대양이 형성되었습니다. 늘어난 해안선을 따라 바닷물이 증발하면서 더 많은 비가 내렸습니다.

에오랍토르

2 | 2억 2,500만 년-1억 9,000만 년 전
최초의 공룡 중 하나

에오랍토르는 몸길이 1미터에, 속이 빈 뼈를 가진 공룡이었다. 두 종류의 이빨을 가진 것으로 보아 곤충, 작은 파충류뿐 아니라 식물도 먹는 잡식 동물이었을 것이다.

공룡이란 무엇일까?

공룡은 파충류의 한 집단이지만, 몇 가지 구별되는 특징을 가지고 있었다. 대부분의 파충류 다리와는 달리, 공룡 다리는 몸통 밑에 달려서 똑바로 설 수 있었다. 곧은 다리 덕분에 무거운 몸을 지탱하고 날쌔게 움직일 수 있었다. 또한 공룡은 육지에 살면서 알을 낳았다. 몸집이 작고 화려한 깃털이 있는 공룡도 있었다.

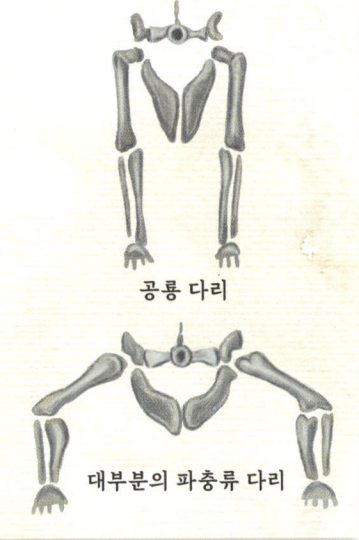

공룡 다리

대부분의 파충류 다리

노토사우루스

1 | 2억 5,100만 년-1억 4,550만 년 전
바다에서 가장 큰 파충류

노토사우루스(2억 5,100만-2억 1,000만 년 전)는 바다에서 헤엄치며 물고기를 잡아먹었다. 게다가 물으로 기어올라 와서 햇볕을 쬐었고, 알도 낳았다. 익티오사우루스(2억 5,100만-9,000만 년 전)는 평생을 바다에서 살았다. 생김새는 돌고래와 닮았고, 몸길이는 약 3미터였다. 샤스타사우루스 파키피쿠스라는 종은 20미터 넘게 자랐는데, 버스보다 2배나 길다.

익티오사우루스

3 | 약 2억 100만 년 전
트라이아스기 말 대멸종

트라이아스기 말, 대규모 화산 활동이 일어나 엄청난 양의 온실가스와 기체가 뿜어져 나왔다. 그 결과 갑작스러운 지구 온난화가 발생했고, 바다는 산성화되었다. 지구에 살던 생물 종의 약 4분의 3이 사라졌다. 정확한 이유는 알려지지 않았지만, 공룡은 살아남아서 쥐라기와 백악기의 육지를 지배했다.

| 지질 연대표 | 46억-40억 년 전 명왕누대 | 40억-25억 년 전 시생누대 | 25억- 5억 3,880만 년 전 원생누대 | 5억 3,880만- 4억 8,540만 년 전 캄브리아기 | 4억 8,540만- 4억 4,380만 년 전 오르도비스기 | 4억 4,380만- 4억 1,920만 년 전 실루리아기 | 4억 1,920만- 3억 5,890만 년 전 데본기 |

한발 앞선 과학자

아누수야 친사미 투란(1962-현재)은 현미경으로 공룡 뼈를 연구한다. 투란은 나무의 나이테처럼 공룡의 뼈에도 성장선이 있다는 사실을 발견했고, 성장선을 세어 공룡의 나이를 추정하는 방법을 생각해 냈다.

측백나무

기라파티탄은 키가 약 13미터였다.

4 | 2억 100만-6,500만 년 전
거대한 초식 공룡

용각류는 공룡 중에서 가장 키가 컸다. 기라파티탄과 디플로도쿠스 같은 초식 공룡은 엄청나게 긴 목을 뻗어 나무 꼭대기에 난 잎을 뜯어 먹었다. 이들이 끊임없이 먹어대는 바람에 숲이 트이고 풍경이 바뀌었다.

칠레소나무

디플로도쿠스는 몸길이가 최대 30미터까지 자랐다.

6 | 약 1억 6,800만 년-1억 4,500만 년 전
단단한 뼈판

스테고사우루스는 초식동물로, 등에는 단단한 뼈로 이루어진 뼈판이 나 있었다. 덕분에 몸이 더 커 보여서 포식자가 쉽게 다가오지 못했을 것이다. 혹은 뼈판에 흐르는 혈액이 열을 흡수하거나 방출하면서 체온을 조절했을지도 모른다.

스테고사우루스

소철

은행나무

5 | 약 2억 년 전
작은 포유류

초기 포유류는 아주 작았다. 예를 들어, 모르가누코돈은 몸길이가 10센티미터 남짓이었다. 모르가누코돈은 입을 다물면 뒤쪽의 이빨들이 서로 잘 맞물렸다. 이러한 특징은 현재 모든 포유류가 가지고 있으며, 덕분에 먹이를 씹어 먹을 수 있다. 대부분의 파충류는 먹이를 씹지 못하고, 통째로 삼키거나 살덩어리를 뜯어내 목구멍으로 넘긴다.

모르가누코돈

| 3억 5,890만-2억 9,890만 년 전 석탄기 | 2억 9,890만-2억 5,190만 년 전 페름기 | 2억 5,190만-2억 130만 년 전 트라이아스기 | 2억 130만-1억 4,500만 년 전 쥐라기 | 1억 4,500만-6,600만 년 전 백악기 | 6,600만-2,300만 년 전 고진기 | 2,300만-258만 년 전 신진기 | 258만 년 전-현재 제4기 |

티라노사우루스와 꽃의 출현
백악기

백악기 동안 기후는 매우 따뜻했습니다. 남극과 북극도 마찬가지였지요. 공룡은 육지를 지배했고, 꽃식물이라는 식물 집단이 등장했습니다. 꽃식물은 다양하게 진화하며 지구의 모습을 바꾸어 놓았습니다.

1 | 새로운 포식자와 먹이
약 1억 4,500만-6,600만 년 전

이 시기에는 새로운 공룡 종이 많이 나타났고, 백악기 말에 크게 번성했다. 티라노사우루스 렉스는 그중 가장 무시무시한 공룡으로, 60개의 날카로운 이빨과 강한 턱으로 먹이를 물었다. 트리케라톱스는 머리 위에 방어용 뿔이 세 개 나 있었고, 파라사우롤로푸스는 오리주둥이처럼 납작한 입을 가졌다. 아마도 티라노사우루스 렉스는 이런 공룡들을 사냥해 잡아먹었을 것이다.

2 | 하늘을 나는 거대한 파충류
1억 4,500만-6,600만 년 전

익룡은 하늘을 나는 파충류로, 트라이아스기 말에 처음 출현했다. 몸집이 작은 익룡도 있었지만, 날개폭이 12미터에 달하는 거대한 익룡도 있었다. 날개를 펼쳐서 하늘을 난 동물은 곤충 이후로 처음이었다.

3 | 바다의 거대한 파충류
1억 4,500만-6,600만 년 전

바다의 최상위 포식자는 모사사우루스(1억 100만-6,600만 년 전)와 플레시오사우루스(2억 300만-6,600만 년 전)였다. 이들 중에는 15미터까지 자라는 종도 있었으며, 다른 해양 파충류와 어류, 조개류를 사냥했다. 아마 익룡도 잡아먹었을 것이다!

익룡
트리케라톱스
티라노사우루스 렉스
파라사우롤로푸스
플레시오사우루스
모사사우루스

| 지질 연대표 | 46억-40억 년 전 명왕누대 | 40억-25억 년 전 시생누대 | 25억- 5억 3,880만 년 전 원생누대 | 5억 3,880만- 4억 8,540만 년 전 캄브리아기 | 4억 8,540만- 4억 4,380만 년 전 오르도비스기 | 4억 4,380만- 4억 1,920만 년 전 실루리아기 | 4억 1,920만- 3억 5,890만 년 전 데본기 |

4 | 약 1억 4,000만 년 전과 그 이후
꽃식물의 출현

속씨식물이라고 불리는 꽃식물이 처음 등장한 시기는 백악기 이전이라고 추측한다. 하지만 수가 급증하면서 널리 퍼진 것은 백악기였다. 꽃식물은 커다란 잎과 꽃, 열매 같은 여러 특징 덕분에 성공적으로 자리 잡을 수 있게 되었다.

꽃
꽃이 진화하기 전까지, 식물은 바람에 의존해 꽃가루를 옮겼다. 꽃이 출현하면서 곤충이 꽃가루받이에 참여하게 되었다. 이 꽃 저 꽃 돌아다니며 꽃꿀과 꽃가루를 먹고 모으다 꽃가루도 옮겼다.

열매
꽃식물은 씨가 들어 있는 열매를 통해 퍼져 나간다. 동물이 열매를 먹으면, 씨는 고스란히 소화 기관을 통과한다. 그런 뒤 배설물에 섞여 밖으로 나오고, 새로운 장소에서 싹을 틔운다.

잎
꽃식물의 잎은 보통 넓고, 잎맥이 얼기설기 뻗어있다. 덕분에 광합성이 활발하게 일어나고, 물과 양분을 효과적으로 운반할 수 있다. 그 결과 꽃식물은 빨리 자랄 수 있다.

5 | 1억 2,500만-8,000만 년 전
꽃의 힘

꽃식물은 지구에 엄청난 영향을 미쳤다. 꽃식물은 다른 생물들에게 먹이와 서식지를 제공했다. 잎은 빠른 속도로 크게 자라나 수증기를 대기로 뿜어냈다. 그 결과 구름이 많아지고 비가 더 많이 내려 기후에 큰 영향을 미쳤는데, 특히 열대 지역에서 두드러지게 나타났다.

6 | 6,600만 년-6,500만 년 전
죽음을 가져온 소행성

거대한 소행성이 지구와 충돌했다. 조류를 제외한 모든 공룡이 멸종했고, 지구 생물의 약 75퍼센트가 사라졌다. 충돌의 충격으로 엄청난 양의 먼지구름이 피어올라 태양을 가렸다. 그 결과 기온이 떨어졌고, 많은 식물이 죽었다. 식물이 줄어들자 초식 동물이 죽었고, 초식 동물이 줄어들자 육식 동물들도 죽었다. 바다는 산성화되었고, 수많은 해양 생물들도 사라졌다.

한발 앞선 과학자

루이스 앨버레즈(1911-1988)와 아들 월터 앨버레즈(1940-현재), 프랭크 아사로(1927-2014), 헬렌 본 미셸(1932-현재)은 백악기 말 대멸종 때의 지층을 연구했다. 이 지층에서는 이리듐이라는 원소가 아주 높은 농도로 발견되었다. 이리듐은 지구에는 아주 드물지만, 소행성에는 흔하게 존재한다. 이들의 발견은 백악기 대멸종이 소행성 충돌로 일어났다는 주장을 뒷받침한다.

헬렌 / 프랭크 / 월터 / 루이스

| 3억 5,890만-2억 9,890만 년 전 석탄기 | 2억 9,890만-2억 5,190만 년 전 페름기 | 2억 5,190-2억 130만 년 전 트라이아스기 | 2억 130만-1억 4,500만 년 전 쥐라기 | 1억 4,500만-6,600만 년 전 백악기 | 6,600만-2,300만 년 전 고진기 | 2,300만-258만 년 전 신진기 | 258만 년 전-현재 제4기 |

함께 진화하기

야생에서 모든 생물 종은 다른 종들과 상호 작용합니다. 그러면서 함께 진화하기도 하는데, 이를 '공진화'라고 합니다. 꽃과 꽃가루 매개자는 공진화의 좋은 사례입니다. 서로에게 완전히 의존하는 모습을 보이기도 하지요. 공진화로 서로 떼려야 뗄 수 없는 관계를 이루는 종들도 생겨납니다.

꽃가루로 맺어진 사이

꽃가루 매개자는 꽃 사이에 꽃가루를 옮기는 동물로, 곤충과 벌, 박쥐, 작은 포유동물이 대부분이다. 이 동물들은 꽃의 꿀이나 꽃가루를 먹고 산다. 꽃가루 매개자가 꽃을 찾아오면, 꽃가루가 몸에 달라붙는다. 그리고 꽃 사이를 이동하다 보면 몸에 달라붙었던 꽃가루가 주변 꽃에 묻는다. 그렇게 꽃가루받이가 일어나고, 열매가 맺힌다. 꽃은 색깔이나 냄새로 매개자를 불러들인다. 꽃가루 매개자의 짝인 척 위장하는 꽃도 있다!

난초와 나방

1862년, 누군가가 찰스 다윈에게 신기한 꽃을 보내 주었다. 마다가스카르에서 자라는 난초였다. 이 난초의 꿀주머니는 30센티미터로 아주 길었고, 바닥에는 꿀이 고여 있었다. 다윈은 꿀에 닿을 만큼 기다란 주둥이를 가진 꽃가루 매개자가 있을 것이라고 생각했고, 몇 년 뒤 월리스는 꽃가루 매개자가 박각시라는 나방 종류일 것이라 추측했다. 다윈과 월리스의 생각은 옳았다. 마다가스카르의 난초와 나방의 모습은 분명 오랜 세월 공진화한 결과였다.

다윈난

찰스 다윈

공진화 과정

공진화는 자연 선택을 통해 서서히 일어난다. 이 난초와 나방의 조상은 아마도 다양한 길이의 꿀주머니와 주둥이를 가지고 있었을 것이다. 시간이 흐르며 이들 중 긴 꿀주머니와 긴 주둥이를 가진 개체들이 성공적으로 살아남게 되었다. 나방들은 난초의 꿀을 놓고 경쟁했고, 주둥이가 긴 나방이 긴 꿀주머니 속의 꿀을 빠는 데 유리했다. 다른 경쟁자들은 사라지거나 다른 먹이를 찾으러 떠났을 것이다. 나방은 자기만의 먹이를 얻고 난초는 믿을 만한 꽃가루 매개자를 얻는다. 양쪽 다 이득이다!

박각시는 꿀을 빨지 않을 때는 길이 30센티미터의 주둥이를 동그랗게 말고 있다.

공진화 대결

공진화는 양쪽 종 모두에게 이득을 줄 때도 있지만, 둘 이상의 종이 서로 맞붙으면서 발생하기도 한다. 유액을 분비하는 식물인 아스클레피아스와 제왕나비 애벌레가 그렇다. 애벌레는 아스클레피아스의 잎을 좋아한다. 그래서 식물은 방어를 위해 잎에 빽빽하게 털이 나도록 진화했다. 하지만 애벌레는 털을 뜯어내고 잎을 먹을 수 있도록 진화했다! 그러자 아스클레피아스는 독성 유액을 만들어냈다. 하지만 애벌레는 독을 견딜 수 있도록 진화했다. 식물이 자신을 지킬 새로운 방법을 찾아낼 때마다 애벌레 역시 해결 방법을 찾아낸다. 두 종은 공진화한다. 한쪽은 자신을 지키기 위해서, 다른 한쪽은 먹이를 확보하기 위해서다.

한발 앞선 과학자

아누라그 아그라왈(1972-현재)은 아스클레피아스와 제왕나비의 공진화를 연구한다. 최근에는 제왕나비 애벌레가 아스클레피아스의 독성 물질을 분해할 수 있다는 사실을 밝혀냈다.

포유류의 시대
고진기

최초의 포유류는 트라이아스기에 등장했으며, 몸집이 작았습니다. 공룡이 사라진 고진기에는 포유류가 수많은 새로운 종으로 진화했으며, 대륙 사이를 이동하며 멀리 퍼져 나갔습니다. 몇 차례 더운 기간도 있었지만, 기후는 점점 춥고 건조해졌습니다.

1 약 6,600-4,100만 년 전
무성한 숲

이 시기에는 새롭고 다양한 꽃식물 종이 많이 나타났으며, 그중 일부는 지금도 볼 수 있다. 기후가 따뜻해지자 전 세계로 숲이 퍼져 나가기 시작했다. 얼음이 녹은 극지방도 마찬가지였다. 유럽 지역에도 열대 식물과 맹그로브 숲이 들어섰다.

멸종한 오니코닉테리스는 가장 오래된 박쥐에 속한다. 활공할 수 있는 포유류가 몇몇 있지만, 스스로 날개를 파닥이며 하늘을 나는 포유류는 박쥐뿐이다.

에오미스는 몸집이 작은 포유류로, 땅다람쥐와 가까운 사이라고 여겨진다. 하지만 땅다람쥐와는 달리 활공을 할 수 있었다.

파라케라테리움은 지구 역사상 가장 큰 육상 포유류였다. 코뿔소와 친척뻘 사이로, 어깨높이가 5미터나 되었다.

당시 숲에는 야자나무, 덩굴 같은 열대 식물들과 참나무처럼 오늘날 추운 기후에서 자라는 식물들이 한데 모여 살았다.

디아코덱시스는 돼지, 사슴, 기린의 가장 오래된 친척뻘에 속한다. 크기는 다람쥐만 했고 폴짝 뛰면서 돌아다녔다.

포유류란 무엇일까?

포유류는 척추동물에 속하며 오늘날 아주 다양한 서식지에서 살고 있다. 예를 들어, 고래와 돌고래는 바다에 살고, 비버와 수달은 강에 산다. 두더지와 오소리는 땅속에서 살고, 코끼리와 사슴은 땅 위에서 살고, 박쥐는 하늘을 날아다닌다. 모든 포유류는 정온동물이며, 어미는 젖을 먹여 새끼를 키운다. 대부분의 포유류는 새끼를 낳지만, 단공류라는 작은 집단만 예외적으로 알을 낳는다.

리버슬레이 오리너구리는 오스트레일리아에서 살던 단공류로, 현재는 멸종했다.

| 지질 연대표 | 46억-40억 년 전 명왕누대 | 40억-25억 년 전 시생누대 | 25억-5억 3,880만 년 전 원생누대 | 5억 3,880만-4억 8,540만 년 전 캄브리아기 | 4억 8,540만-4억 4,380만 년 전 오르도비스기 | 4억 4,380만-4억 1,920만 년 전 실루리아기 | 4억 1,920만-3억 5,890만 년 전 데본기 |

2 | 약 6,500만 년-2,800만 년 전
영장류가 나무를 타고 돌아다니다

아마도 초기 영장류는 새로운 숲과 꽃식물의 혜택을 보았을 것이다. 길게 진화한 팔다리와 손가락으로 높은 나무 사이를 타고 다니면서 맛있는 꽃과 열매를 낚아채어 먹었다.

이집토피테쿠스는 인류의 조상이 속한 초기 영장류 중 하나였다. 오늘날 이집트에 있었던 울창한 숲에 살았다.

스밀로덱테스는 오늘날 여우원숭이의 친척뻘이다. 시력이 매우 좋아서 먹이를 잘 찾았고, 나무 사이의 거리를 가늠해 뛰어넘을 수 있었다.

3 | 5,000-3,300만 년 전
물로 되돌아가다

고래는 육상 포유류에서 진화했다. 어류처럼 등뼈를 좌우로 구부리며 헤엄치지 않기 때문이다. 대신에 달리는 개처럼 꼬리를 위아래로 움직인다. 고래의 진화를 보여주는 몇 가지 사례가 있다.

A. 파키세투스는 염소 정도의 몸집을 가졌고, 물가에서 사냥했다. 머리뼈 모양으로 미루어 보아 고래의 조상이었다고 추측한다.

B. 암불로케투스는 '걸어 다니는 고래'라는 뜻으로, 물갈퀴 달린 발과 근육질의 꼬리로 헤엄쳤다. 땅 위로 올라올 때도 있었지만, 멀리 걷지는 못했을 것이다.

C. 바실로사우루스는 온전히 물에서만 살았다. 꼬리지느러미가 있었지만, 작은 뒷다리도 달려 있었다. 수면으로 올라와서 고래의 숨구멍과 닮은 콧구멍으로 공기 호흡을 했다.

D. 바실로사우루스의 후손은 지금의 고래로 진화했다. 몇몇 고래 종은 아직도 몸속에 작은 엉덩이뼈가 남아 있다.

대왕고래

한발 앞선 과학자

고생물학자 **메리 루스 도슨** (1931-2020) 연구팀은 캐나다 북극권에 있는 엘스미어 섬에서 악어와 거북, 포유류의 화석을 발견했다. 5,000만 년 전에는 북극권이 따뜻하고 얼음이 녹아 있었다는 뜻이었다. 당시 유럽과 북아메리카가 육지로 이어져 있어서 동물들이 오갔다는 증거이기도 하다.

4 | 3,400-3,300만 년 전
남극 대륙이 바다에 둘러싸이다

지각 운동으로 오스트레일리아와 남아메리카가 남극 대륙과 갈라졌다. 남극 대륙 주위로 차가운 해류가 순환하면서 빙하가 형성되었고, 차가운 해류가 북쪽으로 흐르면서 기후가 점점 춥고 건조해졌다. 극지방에 살던 많은 열대 종이 사라졌다.

| 3억 5,890만- 2억 9,890만 년 전 석탄기 | 2억 9,890만- 2억 5,190만 년 전 페름기 | 2억 5,190- 2억 130만 년 전 트라이아스기 | 2억 130만- 1억 4,500만 년 전 쥐라기 | 1억 4,500만- 6,600만 년 전 백악기 | 6,600만- 2,300만 년 전 고진기 | 2,300만- 258만 년 전 신진기 | 258만 년 전- 현재 제4기 |

초원과 풀을 뜯는 동물들
신진기

신진기에는 세계 곳곳에서 숲이 사라지고 초원이 들어섰습니다. 이 초원을 중심으로 다양하고 새로운 종이 많이 진화했지요. 초원의 풀은 춥고 건조한 기후에 잘 적응했습니다. 들불에 피해를 입어도, 동물 떼가 뜯어 먹고 짓밟고 다녀도 살아남았지요.

1 | 2,303만-533만 년 전
달리는 말

신진기 초, 북아메리카를 돌아다니던 말은 약 70종에 달했고 크기도 제각각이었다. 말은 육지를 잇는 육교를 오가며 남아메리카, 유럽, 아프리카, 아시아로 퍼져 나갔다. 그중 디노히푸스는 이미 발굽도 갖추고 있었으며, 지금의 말과 가장 가까운 사이였다.

말의 진화 과정

말의 가장 오래된 조상은 북아메리카 숲에서 살았다. 몸집이 작았고, 앞다리에는 발가락이 4개, 뒷다리에는 발가락이 3개 달려 있어서 푹신한 숲 바닥을 잘 걸어 다녔다. 말은 새로운 초원에 적응하면서, 몸집이 커지고 다리도 길어졌다. 덕분에 포식자를 피해 빨리 달아날 수 있었다. 지금의 말은 발가락이 1개뿐이며, 발굽이 초원의 단단한 땅을 달릴 때 발가락을 보호해준다.

히라코테륨(5,500-4,500만 년 전)은 최초의 말이라고 여겨진다. 어깨높이는 종에 따라 다르지만, 20-60센티미터 정도였다.

킵토케라스
디노히푸스
팔레오스키니스 투르디로스트리스
피그미땃쥐
가터뱀
케라토가울루스 (뿔땅다람쥐)

2 | 2,303만 년 전과 그 이후
초원이 세상을 바꾸다

초원은 고진기 말에 중앙아시아와 북아메리카에 처음 출현해서 신진기에 널리 퍼졌다. 초원은 풀과 야생화로 뒤덮인 경관을 만들었고, 새롭게 등장한 다양한 종에게 먹이를 제공했다. 말이나 영양의 조상이 되는 동물들은 질긴 풀을 뜯을 수 있는 특별한 이빨을 지녔다. 명금류와 설치류는 씨, 꽃, 곤충을 찾아 먹었다. 풀은 밑동에서 자라기 때문에 뜯어 먹혀도 다시 자라났다. 많은 포식자가 초원에서 진화해 작은 동물들을 잡아먹었는데, 이들 중에는 오늘날의 뱀도 있었다.

| 지질 연대표 | 46억-40억 년 전 명왕누대 | 40억-25억 년 전 시생누대 | 25억- 5억 3,880만 년 전 원생누대 | 5억 3,880만- 4억 8,540만 년 전 캄브리아기 | 4억 8,540만- 4억 4,380만 년 전 오르도비스기 | 4억 4,380만- 4억 1,920만 년 전 실루리아기 | 4억 1,920만- 3억 5,890만 년 전 데본기 |

3 유인원의 시대
약 2,300만 년 전

사람과 유인원은 공통 조상을 가진다. 이 조상은 수백만 년 전에 사라졌으며 정확히 어떤 모습이었는지 알 수 없지만, 과학자들은 프로콘술과 비슷했을 것이라 추측한다. 프로콘술은 유인원을 닮은 동물로, 신진기 초부터 중반까지 아프리카에서 번성했다. 프로콘술의 뇌는 원숭이보다 컸고 꼬리는 없었다.

프로콘술

한발 앞선 과학자

메리 더글라스 리키(1913-1996)는 인류와 우리 조상의 기원을 연구했으며, 케냐에서 프로콘술 머리뼈 화석을 처음으로 발견했다. 프로콘술은 인류를 비롯한 대형 유인원의 조상 중 하나였을 것이다.

4 코끼리가 유럽으로 가다
1,860만 년 전

아프리카는 아시아, 유럽과 육지로 이어져 있었기 때문에 동물들이 자유롭게 오갈 수 있었다. 코뿔소를 포함한 아시아 동물들은 아프리카로 갔고, 코끼리를 닮은 데이노테리움 기간테움과 같은 동물들은 아프리카에서 아시아와 유럽으로 흩어졌다.

유럽 · 육교 · 아시아 · 적도 · 아프리카

데이노테리움 기간테움

| 3억 5,890만~2억 9,890만 년 전 석탄기 | 2억 9,890만~2억 5,190만 년 전 페름기 | 2억 5,190만~2억 130만 년 전 트라이아스기 | 2억 130만~1억 4,500만 년 전 쥐라기 | 1억 4,500만~6,600만 년 전 백악기 | 6,600만~2,300만 년 전 고진기 | 2,300만~258만 년 전 신진기 | 258만 년 전~현재 제4기 |

짝 고르기

많은 동물이 짝을 고를 때, 매력적으로 보이는 형질을 기준으로 삼는다. 이를 '성 선택'이라고 한다. 성 선택은 진화의 중요한 원동력이다. 눈길을 끄는 특징이나 습성을 지닌 동물은 짝에게 선택될 가능성이 높으며, 그 형질을 자식에게 물려줄 것이다. 수컷 새를 무리 가운데서 가장 돋보이게 하는 생김새와 행동을 몇 가지 살펴보자.

암컷에게 구애를 하고 있는 **제비꼬리마나킨**

다 함께 흔들흔들
제비꼬리마나킨 수컷들은 무리 지어 춤을 추면서 암컷의 눈에 들려고 애쓴다. 몇 년 동안 춤 실력을 갈고닦은 뒤, 때가 되면 주인공 수컷이 보조 수컷들과 함께 팀을 이루어 공연한다. 수컷들은 차례로 날아오르며 춤 자랑을 하면서 암컷의 마음을 사로잡기 위해 노력한다.

수컷 공작의 화려한 꽁지깃

주목받기!
수컷 공작의 꽁지깃은 성 선택으로 진화했다. 암컷은 길고 예쁜 꽁지깃을 지닌 수컷을 선호한다. 따라서 멋진 꽁지깃이 있는 수컷이 짝을 얻기 유리하며, 같은 형질을 이어받은 자식을 더 많이 남길 수 있다. 반면에 암컷의 깃털은 갈색빛을 띠고 있어서 포식자의 눈을 피해 알을 품을 수 있다.

바우어가 마음에 들면, 암컷은 안으로 들어간다.

수컷은 물건을 입에 문 채로 암컷 앞에서 춤을 춘다.

노래하는 슈퍼스타
새가 노래하는 데는 여러 이유가 있다. 예를 들면, 영역을 표시하거나 짝을 찾는 것이다. 나이팅게일 수컷은 이 두 가지 목적을 가지고 매우 아름다운 소리를 낸다. 암컷은 유달리 복잡한 노래를 부르는 수컷을 선호한다. 연구에 따르면, 이런 수컷은 먹이를 더 많이 물어오고 새끼를 잘 돌볼 가능성이 높다고 한다.

나이팅게일

무대 꾸미기
수컷 새틴바우어새는 '바우어'라고 부르는 둥지를 만들어 꽃으로 장식한다. 그런 다음, 자신이 만든 무대에서 앞뒤로 춤을 추며 깃털을 부풀리고 울음소리를 낸다. 구애를 위한 공연이다. 사람들 가까이에 사는 새는 병뚜껑이나 머리핀처럼 색이 화려한 물건들을 가져다 바우어 바닥을 장식하기도 한다!

공룡은 멸종했을까?

조류는 공룡과 진화적으로 연결되어 있다. 오늘날 조류는 공룡의 후손이며, 대다수의 고생물학자는 조류가 사실은 공룡의 한 종류라고 본다. 다윈과 월리스가 진화론을 내놓은 직후에 새와 닮은 쥐라기의 화석이 발견되었다. 바로 시조새로도 불리는 아르카이옵테릭스였다. 발톱, 이빨, 꼬리뼈라는 공룡의 특징과 날개와 깃털이라는 새의 특징을 모두 지니고 있기 때문에 공룡과 새의 잃어버린 고리로 여겨진다.

독일 베를린의 자연사 박물관에 있는 유명한 **아르카이옵테릭스** 화석.

뼈가 있는 꼬리

발톱

깃털

아르카이옵테릭스가 짧은 거리를 날 수 있었다고 보는 과학자도 있다. 날개를 펼쳐 나무 사이를 활공했을 것이다.

인류의 진화
신진기와 제4기

과거에는 여러 인류 종이 있었습니다. 하지만 유일하게 현존하는 인류 종은 호모 *사피엔스*뿐이지요. 다양한 인류 종들이 어떻게 연관되어 있었는지는 불분명하지만, 오늘날 침팬지와 보노보가 인간과 가장 가까운 동물로 알려져 있습니다.

한발 앞선 과학자

베르하네 아스파(1954-현재)는 16만 년 전의 머리뼈를 발견했는데, 호모 사피엔스의 가장 오래된 화석 중 하나였다. 또한 에티오피아에서 인류가 기원했다는 주장을 뒷받침하는 인류 화석들도 많이 발굴했다.

1 | 현생 인류의 조상
440만 년-295만 년 전

루시라고 불리는 한 화석의 발견은 인류 역사를 이해하는 데 큰 도움을 주었다. 루시는 멸종한 오스트랄로피테쿠스라는 집단에 속했으며, 직립 보행을 하는 현생 인류와 긴 팔로 나무를 타는 유인원 조상의 형질을 모두 지녔다. 꼿꼿이 서서 걷는 직립 보행은 인류 진화의 중요한 단계였다. 덕분에 초기 인류는 주변을 더 잘 살필 수 있었고, 다가오는 포식자를 일찍 알아차릴 수 있었다. 또 두 손을 자유롭게 쓸 수 있게 되어 도구를 쥐거나 먹이와 아기를 옮길 수 있게 되었다.

2 | 도구 제작
330만 년 전 또는 그 이전

오스트랄로피테쿠스를 포함한 초기 인류는 부싯돌로 도구를 만들었다. 이 도구들을 칼 모양으로 다듬어서 살코기와 골수 등 다양한 식량을 구했다.

3 | 최초의 인류 중 하나
약 280만-140만 년 전

호모 하빌리스는 아프리카 동부와 남부에 살았고, 오스트랄로피테쿠스보다 뇌가 더 컸다. 기후가 춥고 건조해지면서 열매 구하는 일이 예전보다 힘들어졌다. 그 결과 호모 하빌리스에게 고기는 꼭 필요한 식량이 되었다.

4 | 아프리카 밖으로 퍼져 나가다
약 200만-11만 년 전

호모 에렉투스는 신체 비례와 몸집 모두 현생 인류와 비슷했고, 영리했다. 동아프리카와 아시아, 유럽 각지에서 발견된 화석을 통해 호모 에렉투스가 꽤 멀리까지 이주하고 퍼져 나갔다는 사실을 알 수 있다. 짧은 거리의 바다를 건너갈 때 뗏목을 만들어 이동한 것으로 보인다.

| 지질 연대표 | 46억-40억 년 전 명왕누대 | 40억-25억 년 전 시생누대 | 25억-5억 3,880만 년 전 원생누대 | 5억 3,880만-4억 8,540만 년 전 캄브리아기 | 4억 8,540만-4억 4,380만 년 전 오르도비스기 | 4억 4,380만-4억 1,920만 년 전 실루리아기 | 4억 1,920만-3억 5,890만 년 전 데본기 |

5 | 최초의 요리사
약 100만 년 전

우리 조상은 불을 사용할 줄 알았다. 불을 사용한다는 것은 요리를 할 수 있다는 뜻이다. 조리된 음식은 소화가 잘 되었기 때문에, 에너지와 영양소 흡수량이 늘어났다. 이는 뇌가 커질 수 있었던 원인 중 하나였다. 또 불은 밤에도 온기와 빛을 주었다. 불은 사람들이 모여 사는 장소를 제공했고, 야생 동물의 위협으로부터 지켜주었다.

7 | 최초의 현생 인류(바로 우리!)
약 30만 년 전

호모 사피엔스는 아프리카에서 진화한 것으로 알려져 있다. 똑똑한 뇌 덕분에 계획을 짜고, 문제를 해결하며, 의사소통을 할 수 있었다. 또한 끊임없이 변하는 기후와 환경에 대처할 수 있었다. 이후로 현생 인류는 세계 전체로 퍼져 나갔다.

6 | 호모 네안데르탈렌시스
약 40만 년-3만 년 전

네안데르탈인은 유럽과 아시아 남서부에 살았다. 동물 가죽으로 옷을 해 입었고, 목걸이와 상아 조각을 만들었으며, 동굴 벽화도 그렸다. 네안데르탈인과 현생 인류(호모 사피엔스)는 가까이 살았고, 서로 간에 자식도 낳았다. 네안데르탈인이 멸종한 데에는 호모 사피엔스의 영향이 컸을 것이다.

발명의 시대

네안데르탈인과 초기 호모 사피엔스는 모두 사냥, 낚시, 식물 채집을 하며 살았다. 도구를 만들 수 있었기 때문에 세계 곳곳에서 번성하며 살았다. 40,000년 전 우리 조상들은 예술 작품을 만들고 음악을 연주했다.

조각상
사자 머리에 인간의 몸을 가진 이 조각상은 약 40,000년 된 것으로, 독일에서 출토되었다.

악기
새의 날개뼈로 만든 이 피리는 약 35,000년 된 것으로, 독일에서 발굴되었다.

동굴 벽화
프랑스에 있는 한 동굴 벽화는 약 35,000년 전에 그려진 매머드와 털코뿔소의 그림이다.

도구의 발전
약 50,000년 전에 인류는 조개껍데기, 상아, 뼈로 만든 낚싯바늘과 바느질용 바늘 같은 전문적인 도구를 많이 사용했다. 이런 유적들은 세계 여러 지역에서 발견된다.

지도
27,000년 전에 매머드 엄니에 새긴 지도로, 체코 공화국에서 발굴되었다.

돌 화살촉
약 64,000년 된 가장 오래된 화살로, 남아프리카에서 발견되었다.

| 3억 5,890만-2억 9,890만 년 전 석탄기 | 2억 9,890만-2억 5,190만 년 전 페름기 | 2억 5,190만-2억 130만 년 전 트라이아스기 | 2억 130만-1억 4,500만 년 전 쥐라기 | 1억 4,500만-6,600만 년 전 백악기 | 6,600만-2,300만 년 전 고진기 | 2,300만-258만 년 전 신진기 | 258만 년 전-현재 제4기 |

인류가 세계를 바꾸다
제4기

우리 조상들은 수십만 년 동안 수렵 채집을 하며 살았고, 야생에서 모든 식량을 구했습니다. 그러다 우연히 씨가 싹을 틔우고 자라는 것을 발견하고 경작을 시작했습니다. 사람들은 잘 자라거나 맛이 좋은 식물을 선택해 재배하고, 튼튼하고 유순한 동물을 골라서 가축화했지요. 이처럼 사람에게 유용한 형질을 지닌 동식물을 골라서 번식시키는 것을 '인위 선택'이라고 부릅니다. 경작은 지역마다 다른 시기에 시작되었습니다. 벼는 중국에서 처음 재배되었고, 토마토, 감자, 옥수수, 카카오는 아메리카에서 처음 길렀습니다.

작물의 사촌들

작물은 계속 진화한다. 재배 환경과 사람들의 식성에 따라 선택되는 변이가 달라지기 때문이다. 이런 선택적인 교배가 이루어진 결과, 작물화된 식물은 야생에서 자라는 사촌들과 생김새가 달라지는 경우가 많다. 예를 들어, 야생의 겨자는 인위 선택을 거쳐 나온 채소들과 전혀 달라 보인다.

1 약 40,000년 전
사람의 가장 좋은 친구가 되다

개는 사람이 최초로 길들인 동물이라고 여겨진다. 모든 개는 야생 늑대로부터 진화했다. 처음에 늑대는 먹이를 훔쳐 먹기 위해 사람들 주변을 어슬렁거렸을 것이다. 사람이 어미 잃은 새끼 늑대를 발견하고 돌보면서 훈련시켰을지도 모른다. 빨리 달리거나 영리하거나 유순한 특징을 지닌 늑대는 인위 선택을 통해 길들여졌다. 개는 수렵 채집 사회에서 중요한 구성원이 되었다. 나중에는 양을 몰고 지키는 등 사람에게 여러 도움을 주었다.

| 지질 연대표 | 46억-40억 년 전 명왕누대 | 40억-25억 년 전 시생누대 | 25억-5억 3,880만 년 전 원생누대 | 5억 3,880만-4억 8,540만 년 전 캄브리아기 | 4억 8,540만-4억 4,380만 년 전 오르도비스기 | 4억 4,380만-4억 1,920만 년 전 실루리아기 | 4억 1,920만-3억 5,890만 년 전 데본기 |

2 | 12,000-6,000년 전
경작 초기

일부 과학자는 인류가 처음으로 경작을 시도한 시기가 약 23,000년 전이라고 본다. 그러나 실제로 경작이 시작된 것은 약 12,000년 전이었다. '비옥한 초승달 지대'라고 불리는 중동의 지역에서 밀, 렌틸콩, 염소, 소, 돼지를 비롯한 여러 동식물들이 살기 시작했다. 옮겨다녀야 하는 수렵 채집 생활을 버리고 한곳에 집을 짓고 정착하는 사람들이 서서히 늘어났다. 마을과 도시가 생겨났으며, 식량과 물품을 저장하고 교역이 이루어졌다. 물품을 사고파는 내역을 기록하기 위해 문자가 발명되었다.

3 | 약 7,500-5,000년 전
아름다운 직물

이 시기에 세계 각지에서는 아마, 양털, 목화로 천을 만드는 시도를 했다. 그중에서 중국은 최초로 누에를 길들여서 비단을 짜는 데 성공했다. 누에는 뽕나무 잎을 먹으며 자라다가 실을 자아서 고치를 만든다. 고치의 실을 풀어 모아 베틀로 옷감을 짜면 비단이 된다.

한발 앞선 과학자

토머스 필립 레키(1904-1994)는 다양한 소를 교배해서 '자메이카 호프'라는 품종을 개발했다. 카리브해 자메이카 섬의 열대 기후와 언덕이 많은 지형에 알맞은 품종이다. 다리가 튼튼하고 높은 기온을 잘 견디며, 진드기에도 강하다.

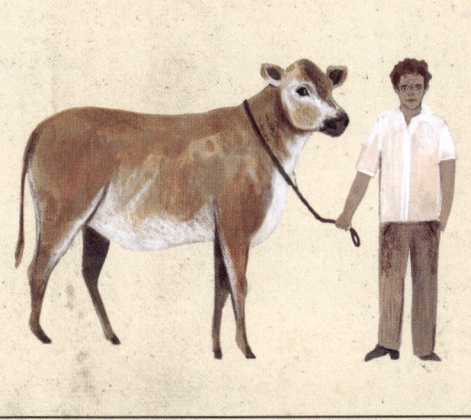

4 | 약 2,200-1,300년 전
실크로드

비단길이라고 일컫는 실크로드는 아시아와 유럽을 잇는 통로로, 비단을 비롯한 여러 물품이 오갔다. 또한 재배 작물과 가축, 새로운 문물도 퍼져 나가며 서로 다른 문화권이 영향을 주고받았다. 거의 같은 시기에 세계의 다른 지역에서도 교역로가 만들어졌다.

| 3억 5,890만-2억 9,890만 년 전 석탄기 | 2억 9,890만-2억 5,190만 년 전 페름기 | 2억 5,190-2억 130만 년 전 트라이아스기 | 2억 130만-1억 4,500만 년 전 쥐라기 | 1억 4,500만-6,600만 년 전 백악기 | 6,600만-2,300만 년 전 고진기 | 2,300만-258만 년 전 신진기 | 258만 년 전-현재 제4기 |

인류가 만든 세상
제4기

18-19세기 인류 사회에는 많은 변화가 일어났습니다. 새로운 기계가 발명되고, 많은 상품이 더 빠르고 더 값싸게 생산되었습니다. 철강 생산량이 늘어났고, 열차와 자동차가 발명되었으며, 고층 건물이 세워졌습니다.

1 | 18–19세기
더 많이 더 높이

산업 혁명이 일어나며 증기 기관으로 가동되는 공장들이 많아졌다. 증기 기관의 원료는 화석 연료인 석탄이었다. 화석 연료를 태우자 온실가스가 대기로 뿜어져 나왔다. 또 오염 물질이 대기, 물, 흙으로 스며들었다. 이러한 환경 오염은 지구 전체에 해를 끼쳤고, 일부 생물의 진화에도 영향을 미쳤다.

2 | 19세기
회색가지나방

회색가지나방은 인류 활동이 진화에 미치는 영향을 잘 보여주는 사례다. 영국의 몇몇 산업 도시에서는 석탄 연기로 대기 오염이 극심해져서 나무가 시꺼멓게 변해 버렸다. 이 지역에 사는 회색가지나방 개체군은 환경 변화에 적응했다.

A. 회색가지나방의 날개는 보통 옅은 회색 바탕에 검은 반점이 나 있다. 자작나무의 껍질 무늬와 완전히 똑같아 보이기 때문에, 나무에 앉아 있으면 새들이 쉽게 알아차리지 못한다.

B. 19세기 중반 더 짙은 색의 날개를 가진 회색가지나방이 처음 발견되었다. 이러한 변이 개체는 나무가 검댕으로 까맣게 변한 산업 지역에서 위장 효과가 더 컸다.

C. 오염되지 않은 시골 지역에서는 옅은 색을 띤 개체가 더 유리했다. 짙은 색을 띤 개체는 포식자의 눈에 쉽게 눈에 띄어 잡아먹히고, 옅은 색을 띤 개체는 살아남았다.

D. 반면, 오염된 산업 지역에서는 짙은 색 개체가 더 유리했다. 옅은 색 개체는 포식자의 눈에 잘 띄어서 금방 잡혔다. 각각의 환경에 가장 적합한 개체들이 살아남아 날개 색을 자식에게 물려주었다. 인류 때문에 환경 변화가 일어났을 때도, 개체군 내에서 자연 선택이 일어날 수 있다는 사실을 알 수 있다.

| 지질 연대표 | 46억–40억 년 전 명왕누대 | 40억–25억 년 전 시생누대 | 25억–5억 3,880만 년 전 원생누대 | 5억 3,880만–4억 8,540만 년 전 캄브리아기 | 4억 8,540만–4억 4,380만 년 전 오르도비스기 | 4억 4,380만–4억 1,920만 년 전 실루리아기 | 4억 1,920만–3억 5,890만 년 전 데본기 |

3 | 현재
도시 생활

현재 1초마다 평균 4명의 아기가 태어나고 있다. 세계 인구는 빠르게 늘고 있으며, 인구의 절반 이상은 도시에 산다. 도시의 건물과 도로가 건설될 때 많은 자연 서식지가 파괴된다. 하지만 한편으로 새로운 도시 환경은 기회를 제공하기도 한다. 자연 서식지 파괴로 멸종 위기에 몰린 종도 있지만, 놀라운 방식으로 도시 생활에 적응한 종도 있다.

푸에르토리코 볏도마뱀은 도시와 도시 주변의 숲에 산다. 도시에 사는 개체는 숲에 사는 개체보다 비늘이 더 많다. 다리도 더 길어서 혼잡한 도시를 더 빨리 돌아다닐 수 있다.

바이러스의 진화

야생 동물에게 있던 바이러스가 접촉을 통해 사람에게 옮겨지기도 한다. 이러한 접촉은 사람이 야생 동물의 서식지를 파괴하거나, 야생 동물을 사냥 또는 포획하거나, 먹을 때 일어난다. 바이러스는 빠르게 증식하면서 돌연변이를 일으키고, 그중 환경에 빠르게 적응하는 개체가 생겨난다. 코로나19 대유행을 일으킨 바이러스는 감염성이 강해지도록 진화해서 사람들 사이에 빠르게 퍼질 수 있었다.

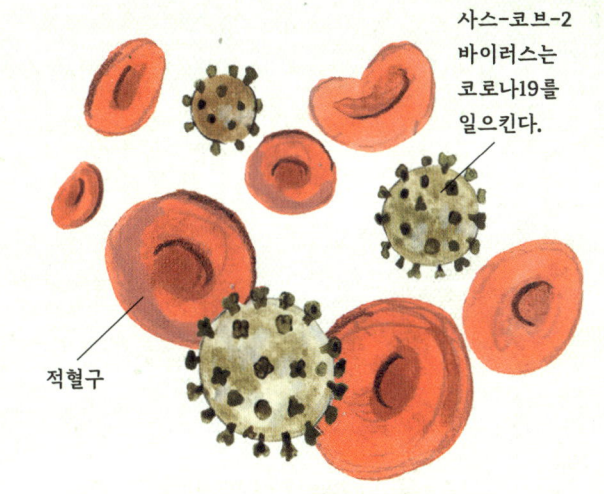

사스-코브-2 바이러스는 코로나19를 일으킨다.

적혈구

한발 앞선 과학자

우우르 샤힌(1965-현재)과 외즐렘 튀레치(1967-현재)는 코로나19를 예방하는 최초의 백신 중 하나를 개발했다. 이 업적으로 독일 정부로부터 상을 받았다.

외즐렘   우우르

4 | 현재
인류가 일으킨 기후 위기

지구의 날씨는 점점 더 예측이 불가능해지고 있으며 많은 지역에서 기온이 올라가고 있다. 대다수의 과학자는 대기 온실가스의 증가가 가장 큰 원인이라고 생각한다. 극지방의 얼음과 빙하가 녹고 있으며, 그 결과 해수면이 상승하고 해안이 물에 잠기고 있다. 바닷물이 더 많이 증발하면서 구름이 많아지고 폭풍우가 강력해진다. 반면에 가뭄은 심해지고 산불이 잦아진다. 다행히 몇몇 생물은 이미 기후 위기에 적응하고 있다. 적응하지 못하는 생물은 다른 곳으로 이주해야 한다. 그렇지 않으면 멸종될 수도 있다. 하지만 우리에게는 미래 세대를 위해 기후 변화 속도를 늦추고 지구를 보호할 기회가 아직 남아 있다.

기후 위기로 봄 날씨가 더 따뜻해지면서 캐나다의 **아메리카붉은다람쥐**는 10년 전보다 약 3주 일찍 새끼를 낳는다.

| 3억 5,890만-2억 9,890만 년 전 석탄기 | 2억 9,890만-2억 5,190만 년 전 페름기 | 2억 5,190-2억 130만 년 전 트라이아스기 | 2억 130만-1억 4,500만 년 전 쥐라기 | 1억 4,500만-6,600만 년 전 백악기 | 6,600만-2,300만 년 전 고진기 | 2,300만-258만 년 전 신진기 | 258만 년 전-현재 제4기 |

미래

미래에 생물은 어떻게 진화할까요? 예측은 불가능합니다. 그러나 한 가지는 확실하지요. 생명이 존재하는 한, 진화는 일어난다는 것입니다.

오늘날 지구는 6번째 대멸종을 겪고 있으며, 그 원인은 인류에게 있습니다. 따라서 우리 행동에 따라 지구의 미래가 결정될 것입니다. 진화를 잘 이해한다면, 지구를 더 잘 지킬 수 있을 것입니다.

자연을 가까이하면 자연을 더 깊이 배울 수 있고, 어떻게 자연을 보호해야 할지 알게 된다. 산책을 하고, 나무를 심고, 우리와 함께 사는 생물들을 알아 가는 아주 단순한 일부터 시작해 보자.

한발 앞선 과학자

많은 사람이 지구에 일어나는 문제들을 밝히고 해결하기 위해 노력하고 있다. 우리 모두 힘을 모으면, 지구의 풍부한 자연을 지키고 지속 가능한 미래로 나아갈 수 있을 것이다. 지금 당장 나서자. 바로 여러분이 다음 세대를 이끌게 될지도 모른다!

파이살 비비(1980-현재)는 아프리카에서 신진기와 제4기 화석을 연구하는 과학자다. 파이살 연구진은 동물들이 어떻게 서로 관계 맺으며 환경 변화에 반응하는지 연구한다. 파이살은 연구 결과를 토대로 동물이 미래의 환경 변화에 어떻게 행동할지 예측하고, 이들을 보호할 방법을 찾아내고 있다.

데이비드 애튼버러(1926-현재)는 영국의 생물학자이자 자연 다큐멘터리 제작자, 방송인이다. 경이로운 자연의 모습을 사람들에게 알리는 일에 평생을 바쳤으며, 현재는 자연 보호 운동을 활발히 펼치고 있다.

자다브 파옝(1963-현재)은 세계에서 가장 큰 강섬인 인도 북동부의 마줄리에 산다. 파옝은 16세 때 심각한 가뭄으로 황폐해진 땅을 되살리고 싶어서 매일 나무를 심기 시작했다. 40여 년이 지난 지금, 축구장 15개 크기의 숲이 생겨났고, 새, 코끼리 같은 야생 동물들이 이곳에 모여들고 있다.

파레마 알젤젤라(1996-현재)는 쿠웨이트에서 '에코스타'라는 재활용 사업을 시작했다. 에코스타는 가정, 학교, 기업에서 나오는 재활용 쓰레기를 나무나 식물로 교환해 준다. 2019년 초에 사업을 시작한 이래, 130톤이 넘는 금속, 종이, 플라스틱이 재활용되었고 수많은 나무가 자라났다!

왕가리 마타이(1940-2011)는 케냐에서 '그린벨트 운동'을 창설했다. 이 운동은 숲의 복원과 사막화 방지를 목표로 하고 있다. 지금까지 나무를 3,000만 그루 이상 심었다. 마타이는 이렇게 말했다. "우리가 나무를 심으면, 평화와 희망의 씨앗을 심는 겁니다."

그레타 툰베리(2003-현재)는 '미래를 위한 금요일'이라는 세계적인 운동을 시작했다. 툰베리는 15세 때 학교 수업을 빠지고 스웨덴 정부 건물 앞에서 시위를 벌였다. 사람들이 기후 위기에 관심을 가지고, 정치인들이 행동을 취하도록 촉구하기 위해서였다. 그 뒤로 전 세계 수백만 명의 청소년이 더 나은 미래를 위해 툰베리와 함께 운동을 펼치고 있다.

헬레나 구알링가(2002-현재)는 에콰도르 사라유쿠 지역의 원주민인 키치와족 일원이다. 아마존 우림과 원주민들을 지키는 운동을 펼치고 있다.

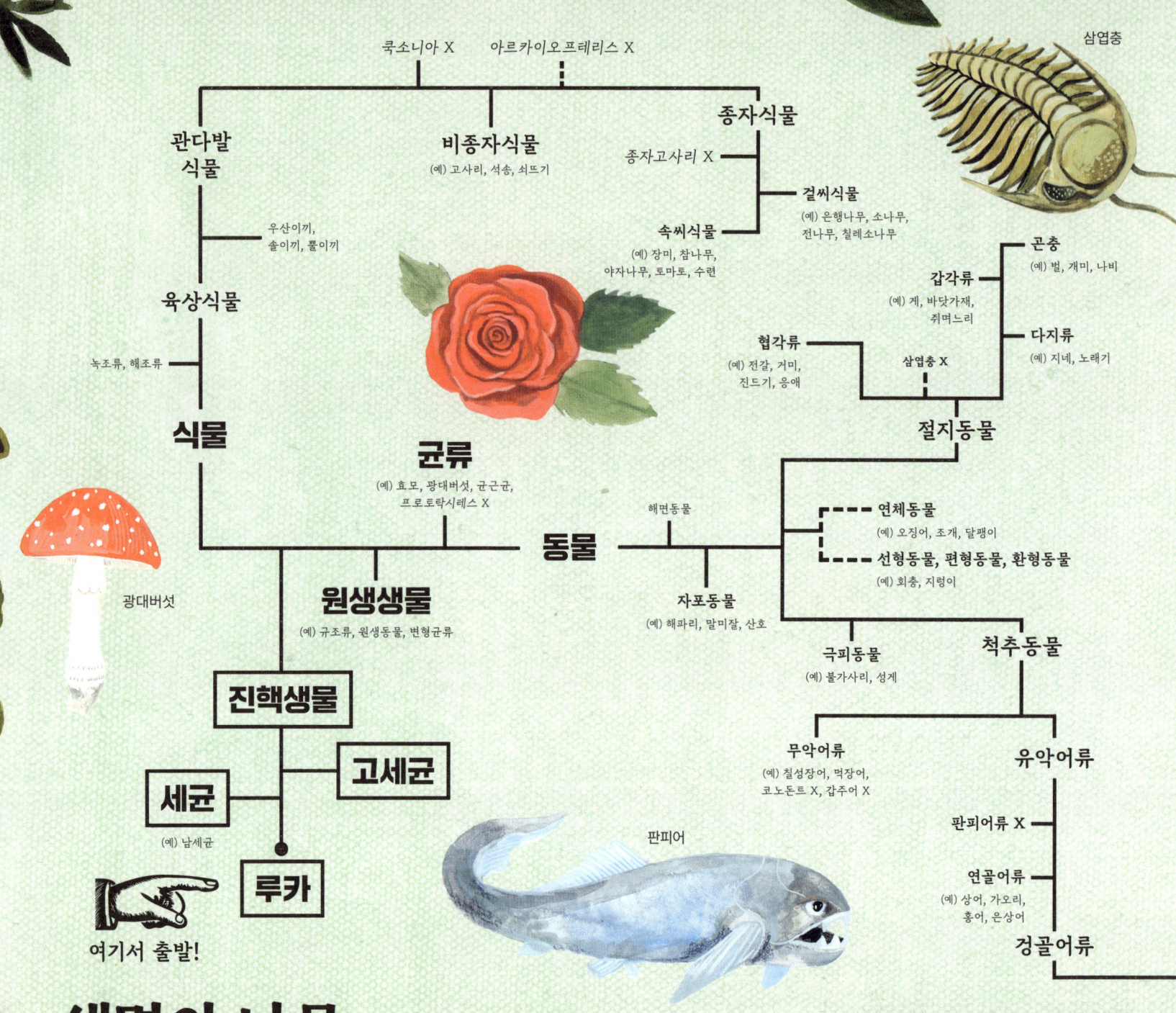

생명의 나무

모든 생물은 서로 연관되어 있으며, 공통 조상을 가집니다. '모든 생물의 공통 조상(Last Universal Common Ancestor)'을 줄여 루카(LUCA)라고 부르는데, 루카는 약 40억 년 전에 살았던 미생물로 추측됩니다. 과학자들은 '생명의 나무'라고 불리는 그림을 사용해, 주요 생물 집단이 누구에게서 어떻게 진화했는지 설명합니다.

일러두기

- - - - 불분명한 연결 고리

X 멸종

그냥 티렉스라고 불러!

과학자들은 모든 생물에 라틴어 또는 그리스어로 된 두 단어의 이름을 붙인다. 이를 '학명'이라고 한다. 학명의 앞쪽 단어는 '속명'으로, 속이란 서로 아주 가까운 종들로 이루어진 집단을 말한다. 뒤쪽 단어는 '종명'이다. 예를 들어, 티라노사우루스 렉스에서 티라노사우루스는 수각류에 속하는 한 집단을 가리키며, 렉스는 종명이다. 이 무시무시한 공룡의 이름을 줄여서 그냥 티렉스(T. rex)라고 부르기도 한다.

세계 지도

이 지도에는 책에서 소개한 종들이 실려 있습니다.
화석이 여러 지역에서 발견된 종도 많습니다.
다 표시할 수는 없으므로, 그런 종은 화석이 가장 먼저
발견된 곳이나 가장 유명한 발굴 지역에 표시했습니다.
지금까지 발견된 화석들은 이보다 훨씬 더 많습니다.
게다가 앞으로 훨씬 더 많은 화석이 발견될 것입니다!

북극해

칼라미테스, 프사로니우스 화석(26쪽)
멜리츠스칼라 화석(26쪽)
에우디바무스 표본(28쪽)
노토사우루스 화석(32쪽)
에오미스 화석(38쪽)
아르카이옵테릭스 화석(43쪽)
호모 네안데르탈렌시스 화석(45쪽)
독일

유럽

스쿠토사우루스 화석(28쪽)
러시아 우랄산맥

익룡 화석(34쪽)
이탈리아 알프스

나이팅게일(43쪽)
겨울에 유럽에서 아프리카 사하라 이남으로 이주

은행나무 화석(29, 33쪽)
우즈베키스탄, 타지키스탄, 키르키스탄에 걸쳐 있는 페르가나 골짜기

비옥한 초승달 지대(47쪽)
이라크, 시리아, 레바논, 요르단, 팔레스타인, 이스라엘, 이집트, 튀르키예, 이란 지역

아시아

볼치알레스 화석(29쪽)
몽골

데이노테리움 기간테움(41쪽)
그리스 크레타

할루키게니아, 삼엽충, 피카이아, 코노돈트, 에오크리노이드, 오파비니아, 아노말로카리스 화석(19쪽)
소철 화석(29, 23쪽)
스테고사우루스 화석(33쪽)
누에(47쪽)
중국

이집토피테쿠스 화석과 바실로사우루스 뼈대(39쪽)
이집트

파라케라테리움 화석(38쪽)
파키세투스, 암불로케투스 화석(39쪽)
파키스탄

아프리카

루시, 오스탈로피테쿠스 뼈대
호모 사피엔스(44, 45쪽)
에티오피아

글로소프테리스 화석(29쪽)
인도

인도공작(43쪽)
인도와 스리랑카 자생종

월리스 선

인도양

프로콘술 화석(41쪽)
케냐

디익토돈 화석(28쪽)
잠비아

기라파티탄 화석(33쪽)
호모 하빌리스 화석(44쪽)
탄자니아

호모 에렉투스 화석(44쪽)
인도네시아 자바

태평양

리버슬레이오리너구리 화석(38쪽)
오스트레일리아 퀸즐랜드

에디아카라기 화석(19쪽)
나미비아

오르도비스기 화석(20쪽)
웨스턴 오스트레일리아 캐닝 분지

오스트레일리아

코엘루로사우라부스 화석(28쪽)
다윈난(36쪽)
마다가스카르

새틴바우어새(43쪽)
오스트레일리아 동쪽 해안

모스콥스 화석(28쪽)
프로키노수쿠스 화석(29쪽)
남아프리카 공화국

암모나이트 화석(21쪽)
남극 대륙을 포함한 전 세계에서 발견됨

에디아카라기 화석(19쪽)
오스트레일리아 에디아카라 구릉지대

남극 대륙

용어 설명

책에 실린 중요한 용어와
과학적 정의를 설명하였다.

용어 설명에서 찾을 수 있는
단어는 두껍게 표시되어 있다.

가축화
야생 동물을 사람의 보호 아래 이용 목적에 따라
길들이는 과정. 가치 있는 야생 식물을 길들여
키우는 것은 작물화라고 부른다. 가축화와
재배화는 일종의 **인위 선택**이다.

개체군
일정한 지역에 모여 살면서 서로 교배가 일어나는
같은 종의 개체들의 집단.

겉씨식물
씨가 열매 속에 맺힌 것이 아니라 솔방울처럼 겉으로
나와 있는 식물 집단. 소나무와 은행나무 등이 있다.

격리
어떤 종이나 개체군 또는 개체가 같은 종에 속한
다른 개체와 분리되어 서로 번식하지 못하는 상태.

고생물학자
화석을 조사해서 생명의 역사를 연구하는 과학자.

고세균
생물을 분류하는 세 집단 중 하나. 단세포 생물이며
세균과 비슷하지만 같지는 않다.
세균과 함께 원핵생물을 이룬다.

공진화
둘 이상의 종이 서로 영향을 주고받으며
함께 진화하는 것.

관다발식물
물과 양분의 이동 통로인 관다발을 지닌 식물. 이끼류를
제외한 대부분의 식물은 관다발을 가지고 있다.

광합성
식물과 일부 세균이 이산화탄소, 물, 햇빛을
이용해 포도당과 산소를 생산하는 과정.

군체
같은 종이 집단을 이루어서 함께 살아가는 것.
식물과 동물, 세균, 균류도 군체를 이룬다.

균류
유기물을 분해해서 얻는 에너지로 살아가는 생물
집단으로, 홀씨로 번식한다. 균류는 흙, 물, 공기
중에서 살 수 있으며, 다른 생물의 피부나 몸속에서
사는 종류도 있다. 버섯과 곰팡이 등이 균류에 속한다.

극피동물
바다에 사는 **무척추동물** 집단. 단단한
껍데기나 가시로 덮여 있는 경우가 많다.
성게, 불가사리, 해삼 등이 여기에 속한다.

기후
일정한 지역에서 장기간에 걸쳐 나타나는 날씨 조건.

꽃가루받이
꽃가루가 벌과 같은 매개자 또는 바람에 실려
암술머리로 옮겨지는 것. 꽃가루가 암술
아랫부분에 있는 밑씨를 만나면 씨가 맺힌다.

꽃가루
수술의 꽃밥에서 만들어진 작은 알갱이.
꽃에 씨가 맺히려면 꽃가루받이가 일어나야 한다.

단공류
새끼가 아닌 알을 낳는 포유류 집단.
오리너구리와 가시두더지가 대표적이다.

단궁류
모든 포유류와 그 멸종한 조상들로 이루어진 큰 집단.
석탄기에 처음 출현해서 페름기에
새롭고 다양한 종으로 진화했다.

대기
행성을 감싸고 있는 기체 혼합물.

대륙
지구의 표면에 드러나 있는 넓은 땅덩어리. 현재
아시아, 오스트레일리아, 아프리카, 남극 대륙, 유럽,
북아메리카, 남아메리카, 총 7개의 대륙이 있다.

돌연변이
우연히 발생하는 DNA의 변이로, 유전될 수 있다.

맨틀
지구의 지각과 핵 사이에 있는 암석층.
온도와 압력이 높아 부분적으로 녹아 있다.

먹이
다른 동물에게 먹히는 생물.

멸종
어느 생물 종이 지구상에서 완전히 사라지는 것.
야생에서 사라져도 사람이 가두어서 기르는
경우가 있다. 특정한 지역에서만 멸종되기도
하는데, 이를 국지적 멸종이라고 한다.

무척추동물
등뼈가 없는 동물 집단. 달팽이와 해파리는 무척추동물이다.

방사성
특정 화학 원소로 이루어진 물질이 시간이 흐르면서
생물에게 해로운 입자를 방출하며 다른 원소로 변하는 성질.

배아
태어나거나 부화하거나 발아하기 전 발생 단계에 있는 생물.
싹트기 전의 씨앗 안에도 배아가 들어 있다.

번식
생물이 자식을 낳는 과정.

변이
같은 종 내에서도 형질이 다른 개체가 존재하는 현상. 하나의
달팽이 종이라도 개체마다 껍데기 색깔이 조금씩 다르다.

부패
생물이나 나뭇잎 같은 생물의 일부가 세균이나
균류의 작용으로 썩는 과정.

빙하
오랜 세월 동안 내리는 눈이 녹지 않고 계속 쌓여서 생긴
커다란 얼음덩어리. 지형이 낮은 곳으로 천천히 이동한다.

생물다양성
어느 한 서식지나 전 세계에 사는 다양한
생물들을 통틀어 이르는 말.

생물
생명 활동을 하는 모든 동식물.

서식지
생물이 생존하는 데 필요한 장소와 생활 조건.

성 선택
짝을 얻는 데 유리한 **형질**이나 행동이 발달하는 방향으로
진화하는 과정. 공작의 화려한 꽁지깃이 한 예로, 암컷은
가장 화려한 꽁지깃을 지닌 수컷을 짝으로 고른다.

세균
세포핵을 지니고 있지 않은 단세포 생물 집단.

세포핵
막으로 둘러싸인 세포 내 기관으로, DNA 같은
유전 물질을 담고 있다.

속씨식물
씨를 만드는 꽃식물. 열매 안에 씨를 보호하고 있다.

양서류
등뼈를 지닌 변온 동물 집단. 어릴 때는 물속에서
아가미로 호흡하고, 다 자라서는 허파로 공기 호흡을
한다. 개구리, 두꺼비, 도롱뇽, 영원 등이 있다.

연골
많은 동물의 몸 안에 있는 부드러운 연결 조직.
상어처럼 뼈대가 단단한 경골이 아닌
연골로만 이루어진 동물도 있다.

엽록체
식물 세포에 들어 있는 초록색 소기관. 햇빛을 이용해
식물에 필요한 에너지를 만드는 **광합성**을 한다.

영양소
생물이 자라고 살아가는 데 필요한 물질.

온실 효과
지구를 따뜻하게 유지하는 자연적인 과정. 대기 중의
이산화탄소와 메탄 같은 **온실가스**는 지표면에서
우주로 나가는 열을 가두어서 지구를 덥힌다.

온실가스
지구 대기에서 열을 가두는 기체.
수증기, 이산화탄소, 메탄 등이 있다.

외골격
부드러운 몸을 감싸서 보호하는 단단한 덮개.
많은 무척추동물이 외골격을 가진다.

원자
우주에 있는 모든 물질의 기본 구성단위.

원핵생물
세포에 **세포핵**이 없는 미생물.
세균과 **고세균**이 속한다.

유기물
탄소를 포함하고 있는 물질. 생물체의 몸을
구성하거나 생물체가 만들어 낸다.

유전
다음 세대로 형질이 전달되는 과정.
예를 들어, 머리 색은 생물학적 부모로부터
자식에게 유전될 수 있다.

유전자
유전의 기본 단위로, DNA 안에 암호화되어 있다.

육교
주로 바다를 사이에 두고 떨어진 두 커다란
땅덩어리를 연결하는 좁은 육지.

이론
어떤 현상을 설명하는 과학적 개념으로,
증거를 통해 뒷받침된다.

인위 선택
사람에게 유용한 형질이나 특징을 얻기
위해 동식물을 선택해서 교배하는 것.

자생종
어느 지역에 본래 자연적으로 살고 있는 생물.
갈라파고스땅거북은 갈라파고스 제도의 자생종이다.
인간의 경우, 원주민 또는 토착민이라고 부른다.

자연 선택
진화를 일으키는 요인. 환경에 적합한 형질을 지닌 개체는
살아남아 건강한 자식을 남길 확률이 높다. 이러한 **형질**은
대대로 유전이 되고, 결국 새로운 종으로 진화할 수 있다.

작물
인류가 이용할 목적으로 기르는 식물이나 균류. 식량으로
재배하는 벼와 밀, 천을 만드는 목화 등이 있다.

적도
지구 중심을 띠처럼 둘러싸고 있는 가상의 선.
북반구와 남반구를 나눈다.

적응 방산
하나의 공통 조상에서 여러 종이 새롭게 진화하는 것.

적응
생물 또는 생물 **개체군**이 자신이 사는
환경이나 조건에 맞게 변하는 것.

절지동물
관절로 연결된 다리가 3쌍 이상 있고 단단한 **외골격**을
가진 동물 집단. 곤충, 게, 거미 등이 있다.

조상
종 또는 개체의 이전 세대. 예를 들어,
고조할머니는 우리 조상이다.

종
공통의 특징을 지닌 가까운 생물들의 집단.
같은 종끼리는 교배가 가능하며, 건강하고
생식 능력을 가진 자식을 낳는다.

중력
질량이 있는 물체가 서로 당기는 힘. 지구 표면에
있는 것들이 우주 밖으로 날아가지 않고, 행성들이
태양 주위를 도는 것도 모두 중력 때문이다.

지각판
맨틀 위에 있는 여러 조각의 암석 판으로, 지구 표면을
천천히 움직인다. 지각판들이 충돌하면 산맥이 생긴다.
지각판 가장자리에서는 화산 활동과 지진이 잦다.

지질학
지구의 구조, 활동 과정, 역사를 연구하는 과학 분야.

진핵생물
세포핵을 가진 세포 또는 이러한 세포로 이루어진
생물로, 세포핵 안에는 DNA가 포함되어 있다.
동물, 식물, 균류는 진핵생물이다.

진화
시간이 흐르면서 생물이 변하는 과정.
자연 선택은 진화의 주된 원인 중 하나다.

척추동물
등뼈가 있는 동물 집단.
어류, 양서류, 파충류, 조류, 포유류가 속한다.

청소동물
자연히 죽거나 포식자가 죽인
동물의 사체를 먹는 동물.

퇴적물
호수나 바다 같은 수역의 바닥에
가라앉아 쌓이는 물질.

포식자
다른 동물을 사냥하거나 잡아먹는 동물.

형질
생물의 특징. 털이나 눈 색깔처럼 겉으로
보이는 형질도 있고, 사냥 방식이나 무리
짓는 습성처럼 행동에 관련된 형질도 있다.

홀씨
고사리, 이끼, 쇠뜨기 같은 일부
식물과 균류가 만들어 내는 작은
알갱이로, **유전** 물질이 담겨 있다.
홀씨는 포자라고도 불리며, 씨처럼
싹이 터서 새로운 개체로 자라난다.

화석 연료
석탄, 석유, 천연가스처럼 태워서 에너지를
얻는 물질. 오래전에 죽어서 묻힌
동식물이 일부 분해되어 생긴 것이다.

화석
예전에 살았던 동물의 잔해나 흔적.
화석은 대개 암석에 보존되어 있다.

환경
생물이 살아가는 주위의 상태. 생물과 상호
작용하면서
생물에게 필요한 것들을 제공한다.

후손
조상에게서 나온 생물. 조류는 공룡의
후손이고,
아이는 조부모의 후손이다.

DNA(디엔에이)
데옥시리보핵산의 약자. 생물의 유전
정보를 담고 있는 거대 분자로, 생물학적
부모로부터 물려받는다. 각 생물의
독특한 형질은 유전 정보에서 나온다.

찾아보기

ㄱ
가축화 46
갈라파고스 제도 17, 42
갑주어 21
개 46
개체군 10, 11
거대 동물 31
겉씨식물 29
격리 13, 17, 42
경골어류 24
경작 46, 47
경쟁 19, 37
고래 39
고진기 38, 39
곤드와나 16, 17, 20
곤충 27
공룡 32, 33, 34, 35, 43, 53
공룡 다리 32
공작 43
공진화 36, 37
관다발 21
광합성 15, 18, 25, 27
교역 47
구라타니 시게루 21
귓속뼈 29
규조류 23
균근균 24
균류 20, 24
그레타 툰베리 51
극어류 24
극지방 39, 49
글립토돈 9
기라파티탄 33
기린 8, 38
기후 13, 16, 27, 28, 29
기후 변화 30, 31, 49
기후 위기 31, 49, 51
꽃 34, 35, 36, 37, 38, 39
꽃가루 23, 35, 36

꽃가루 매개자 36, 37
꽃가루받이 35, 36
꽃꿀 35
꽃식물 34, 35, 38, 39

ㄴ
나이팅게일 43
난초 36, 37
날씨 49
남극 대륙 39
남세균 15, 18
네안데르탈인 45
노토사우루스 32

ㄷ
다윈 핀치 42
단공류 38
단궁류 28, 29
대기 15, 27, 30, 31, 35
대륙 15, 16, 17, 27, 28, 32, 38, 39
대양 32
데본기 24, 25
데본기 말 대멸종 25
데이노테리움 기간테움 41
데이비드 애튼버러 51
델리츠스칼라 26
도구 제작 44
돌연변이 11, 12
동굴 벽화 45
둔클레오스테우스 24
디노히푸스 40
디메트로돈 28
디아코덱시스 38
디익토돈 28
디플로도쿠스 33
땅거북 17

ㄹ
로라시아 16
로즈메리 그랜트 42
루이스 앨버레즈 35
루카(LUCA) 52
린 마굴리스 18
린네협회 9

ㅁ
마그마 14, 15
말 40
맨틀 14
메가네우라 26
메리 더글라스 리키 41
메리 루스 도슨 39
메리 애닝 8, 23
메리 호너 라이엘 15
메탄 15, 30, 31
멸종 13, 19, 20, 31, 32, 35, 49, 50
명왕누대 14
모르가누코돈 33
모사사우루스 34
모스콥스 28
목질부 25
무악어류 21
물 14
미토콘드리아 18
미화석 23
밀란코비치 주기 30
밀루틴 밀란코비치 30

ㅂ
바다전갈 21
바실로사우루스 39
바우어새 43
바이러스 49
박각시 36, 37
발자국 22
방사성 원소 23
백신 49
백악기 34, 35
백악기 말 대멸종 35
베르하네 아스파 44
변이 10, 11, 12, 13, 42
볼치알레스 29
부모 10, 11
불 45
비 32, 35
비글호 8
비단 47
비르발 사흐니 29
비옥한 초승달 지대 47
비행 26

빙하 20, 25, 27, 28, 39, 49
빙하기 15
뼈판 33

ㅅ
산소 15, 19, 25, 27
산소 대폭발 사건 15
산업 혁명 48
삼엽충 19
새 42, 43
생명의 나무 52, 53
생물다양성 6
생존 경쟁 10, 11, 12
석탄 26, 27, 48
석탄기 26, 27
성 선택 43
세균 15, 18, 22
소철류 29
소행성 14, 15, 35
속씨식물 35
수렵 채집 46, 47
수증기 15, 35
숲 38, 39
스밀로덱테스 39
스쿠토사우루스 28
스테고사우루스 33
스트로마톨라이트 15
습지 24, 26, 27
시조새 43
식물 18, 20, 21, 24, 25
신진기 40, 41, 44, 45, 51
실루리아기 20, 21, 24
실크로드 47
씨 25, 29, 35

ㅇ
아노말로카리스 19
아누라그 아그라왈 37
아누수야 친사미 투란 33
아르마딜로 9
아르카이오프테리스 25
아르트로플레우라 27
아마존 우림 6, 51
아스클레피아스 37
알 26, 38

알렉산더 폰 훔볼트 8
알베도 효과 30
알프레트 베게너 16
암모나이트 21, 23
암불로케투스 39
암석권 16
애벌레 37
앨프리드 러셀 월리스 8, 9, 10, 15, 36, 43
앨프리드 셔우드 로머 27
앵무조개류 20, 21
양서류 27
어류 21, 24, 25
에노크리노이드 19
에디아카라기 19
에리옵스 27
에밀리아 이바노프나 보로비예바 25
에오랍토르 32
에오미스 38
에우디바무스 28
엘피스토스테게 25
연대 23
열매 35
열수 분출구 14
엽록체 18
영장류 39
오니코닉테리스 38
오르도비스기 20
오르도비스기 대멸종 20
오스트랄로피테쿠스 44
오염 48
오파비니아 19
온실가스 15, 30, 31, 32, 49
완족류 20
왕가리 마타이 51
외즐렘 튀레치 49
용각류 33
우림 6, 17, 51
우우르 샤힌 49
운석 14, 15
원생누대 18, 19
원핵생물 18
월리스 선 9
월터 앨버레즈 35
유인원 41, 44

유전 8, 10, 11, 12
육교 40, 41
육기어류 24, 25
육상 식물 20
이끼벌레 20
이래즈머스 다윈 8
이산화탄소 15, 20, 25, 27, 30, 31
이주 44, 49
이집토피테쿠스 39
익룡 34
익티오사우루스 23, 32
인류 44, 45, 46
인류의 진화 44
인위 선택 46, 47
잎 25, 35

ㅈ

자다브 파옝 51
자연 선택 8, 9, 10~13, 37, 42, 48
작물 46
장 바티스트 라마르크 8
적응 10, 13, 28, 40, 48, 49
적응 방산 42
절지동물 19, 27
정온 동물 38
정착 17, 47
제4기 44, 45, 46, 47, 48, 49
제비꼬리마나킨 43
조기어류 24
조류 35, 42, 43
조르주 퀴비에 8
존 스티븐스 헨슬로 8
존 허셜 8
종 8, 9, 10
종의 기원 9
중력 14
쥐라기 16, 32, 33, 43
지각 14, 15
지각판 16, 17, 32, 39
지구 온난화 29, 32
지구의 미래 50
지진 16
진핵생물 18
질소 15

ㅊ

찰스 다윈 8, 17, 36
찰스 라이엘 8, 15
척추동물 24, 25, 26, 27, 28, 38
천 47
초대륙 16, 28
초원 40
최초의 나무줄기 25

ㅋ

캄브리아기 18, 19
캄브리아기 대폭발 19
코끼리 41
코노돈트 19
코로나19 49
코엘루로사우라부스 28
쿡소니아 21

ㅌ

토머스 맬서스 8
토머스 필립 레키 47
트라이아스기 16, 32, 38
트라이아스기 말 대멸종 32
트리케라톱스 34
티라노사우루스 렉스 34, 53

ㅍ

파라사우롤로푸스 34
파라케라테리움 38
파이살 비비 51
파충류 28, 32, 34
파키세투스 39
파테마 알젤젤라 51
판게아 16, 28, 29, 32
판피어류 24
페름기 28, 29
페름기 말 대멸종 29
포도당 15, 24
포유류 29, 33, 38, 39
풀모노스코르피우스 27
프네우모데스무스 네우마니이 20
프랭크 아사로 35
프로콘술 41
프로키노수쿠스 29
프로토탁시테스 20

플레시오사우루스 23, 34
피카이아 19
피터 그랜트 42
필석류 20

ㅎ

학명 53
할루키게니아 19
해구 9
해류 16, 39
해양 파충류 34
핵 14
햇빛 15, 30
헬레나 구알링가 51
헬렌 본 미셸 35
형질 8, 11, 12, 43, 44, 46
혜성 14
호모 네안데르탈렌시스 45
호모 사피엔스 44, 45
호모 에렉투스 44
호모 하빌리스 44
호박 22
홀씨 25
화산 16, 17, 29, 30, 32
화석 9, 17, 20, 22, 23, 27, 29, 39, 43, 44, 51, 54, 55
화석 연료 31, 48
환경 10, 11, 13, 22, 28, 45, 46, 48, 49, 51
회색가지나방 48
흔적 화석 22
히라코테륨 40

1-0
6번째 대멸종 50

A-Z
DNA 11, 12

참고 자료

이 책의 저자 세라와 에바는 다양한 분야의 자료를 광범위하게 조사했습니다. 그중에서 믿을 수 있는 자료들만 이 책에 실었지요. 그리고 책이 완성되기 전, 각 분야의 전문가들이 그 내용을 꼼꼼하게 검토했답니다. 이 책을 쓰기 위해 조사한 수많은 자료 중 일부를 소개합니다.

전체

American Museum of Natural History, New York www.amnh.org

Britannica Online Encyclopaedia. www.britannica.com

Benton, Michael J. Vertebrate Paleontology. (Chichester, UK; Wiley Blackwell, 2015)

Berta, Annalisa and Susan Turner. Rebels, scholars, explorers: women in vertebrate paleontology. (Baltimore, MD; Johns Hopkins University Press, 2020)

Darwin, Charles. On the origin of species. (London, UK; John Murray 1859)

Kemp, Tom S. The Origin and Evolution of Mammals. (Oxford, UK; Oxford University Press, 2004)

Natural History Museum, London www.nhm.ac.uk/discover.html

Stanley, Steven M., and John A. Luczaj. Earth System History. (New York; W. H. Freeman, 2015)

Taylor, Thomas N., Edith L. Taylor and Michael Krings. Paleobotany, the biology and evolution of fossil plants. (Amsterdam, Netherlands; Academic Press, 2009)

TrowelBlazers www.trowelblazers.com/

Willis, Kathy J. and Jennifer C. McElwain. The Evolution of Plants. (Oxford, UK; Oxford University Press, 2013)

8-9쪽: 다윈과 월리스

Berry, R.J. "Standing on the shoulders of giants: Wollaston, Wallace, Darwin, Hooker and more." In: Perez, V. & C. Ramon (eds.) Islands and Evolution. (Minorca: Institut Menorquí d'Estudis, 2010), pp. 27–58

Wallace, Alfred Russel. "On the physical geography of the Malay Archipelago", Royal Geographical Society 7: 205–212 (1863)

Pages 10–11: Natural Selection

Barbehenn, Raymond V. and Peter C. Constabel. "Tannins in plant-herbivore interactions", Phytochemistry 72: 1551–1565 (2011)

Davison, Angus, Hannah J. Jackson, Ellis W. Murphy and Tom Reader. "Discrete or indiscrete? Redefining the colour polymorphism of the land snail Cepaea nemoralis", Heredity 123: 162–175 (2019)

14-15쪽: 모든 것의 시작

Blaustein, Richard. "The Great Oxidation Event: Evolving understandings of how oxygenic life on Earth began", BioScience 66.3 189–195 (2016)

Nutman, Allen Phillip, Vickie C. Bennett, Clark R. Friend, Martin J. Van Kranendonk and Allan R. Chivas. "Rapid emergence of life shown by discovery of 3,700-million-year-old microbial structures", Nature 537: 535–538 (2016)

Piani, Laurette and Guillaume Paris. "Why is there water on Earth?" theconversation.com/why-is-there-water-on-earth-153931

16-17쪽: 지구가 흔들흔들!

Frazier, Jack "The Galapagos: Island home of giant tortoises". In: Gibbs, James P., Cayot, Linda J., and Washington Tapia Aguilera (eds), Galapagos Giant Tortoises, pp. 1–22 (London, UK, Academic Press, 2021)

Scotese, Christopher R., "Paleomap Project", www.scotese.com/earth.htm

Kooyman, Robert M. et al. "Paleo-Antarctic rainforest into the modern old world tropics: the rich past and threatened future of the southern wet forest survivors", American Journal of Botany 101: 2121–2135

18-19쪽: 생명으로 가득한 바다

Darroch, Simon A. F., Emily F. Smith, Marc Laflamme and Douglas H Erwin. "Ediacaran Extinction and Cambrian Explosion", Trends in Ecology & Evolution 33: 653–663 (2018)

Keeling, Patrick J. "The endosymbiotic origin, diversification and fate of plastids", Philosophical Transactions of the Royal Society B 365: 729–748 (2010)

"The Cambrian Explosion" burgess-shale.rom.on.ca/en/index.php

20-21쪽: 새로운 집을 찾아 나서다

Boyce, C. Kevin, Carol L. Hotton, Marilyn L. Fogel, George D. Cody, Robert M. Hazen, Andrew H. Knoll and Francis M. Hueber. "Devonian landscape heterogenetiy recorded by a giant fungus", Geology 35: 399–402 (2007)

Suarez, Stephanie E., Michael E. Brookfield, Elizabeth J. Catlos and Daniel F. Stöckli. "A U-Pb zircon age constraint on the oldest-recorded air-breathing land animal", PLoS ONE 12: e0179262 (2017)

Morris, Jennifer L., Mark N. Puttick, James W. Clark, Dianne Edwards, Paul Kenrick, Silvia Pressel, Charles H. Wellman, Ziheng Yang, Harald Schneider and Philip C. J. Donoghue. "The timescale of early land plant evolution", Proceedings of the National Academy of Science USA, 115: E2274–E2283 (2018)

22-23쪽: 놀라운 화석

"Geologic age dating explained" www.acs.org/pressroom/reactions/library/how-do-we-know-the-age-of-the-earth.html

Pages 24–25: Animals Find Their Feet

Barash, Max S. "Causes of the Great Mass Extinction of Marine Organisms in the Late Devonian", Coeanology 56: 863–875 (2016)

Cloutier, Richard, Alice M. Clement, Michael S. Y. Lee, Roxanne Noël, Isabelle Béchard, Vincent Roy and John A. Long. "Elpistostege and the origin of the vertebrate hand", Nature 579: 549–554 (2020)

Taylor, Thomas N., Winfried Remy, Hagen Hass and Hans Kerp. "Fossil arbuscular mycorrhizae from the Early Devonian", Mycologia 87: 560–573 (1995)

26-27쪽: 습지의 거인들

Rasnitsyn, Alexandr P. and Donald L. J. Quicke, eds. History of Insects. (New York; Kluwer Academic Publishers, 2002)

Smithson, Timothy R., Stanley P. Wood, John E. A. Marschall and Jennifer A. Clack. "Earliest Carboniferous tetrapod and arthropod faunas from Scotland populate Romer's Gap", Proceedings of the National Academy of Science USA 109: 4532–4537 (2012)

Verberk, Wilco C. E. P. and David T. Bilton. "Can Oxygen set thermal limits in an Insect and drive gigantism?" PLoS ONE 6: e22610 (2011)

28-29쪽: 얼음집에서 온실로

Bajdek, Piotr, Martin Qvarnström, Krzysztof Owocki, Tomasz Sulej, Andrey G. Sennikov, Valeriy K. Golubev and Grzegorz Niedźwiedzki. "Microbiota and food residues including possible evidence of pre-mammalian hair in Upper Permian coprolites from Russia", Lethaia 49: 455–477 (2016)

Daley, Jim. "Now hear this: new fossils reveal early ear-bone evolution", www.scientificamerican.com/article/now-hear-this-new-fossils-reveal-early-ear-bone-evolution/

Ruta, Marcello, Jennifer Botha-Brink, Stephen A. Mitchell and Michael J. Benton. "The radiation of cynodonts and the ground plan of mammalian morphological diversity", Proceedings of the Royal Society B 280: 20131865 (2013)

30-31쪽: 기후 변화의 원인

Buis, Alan. "Milankovitch (Orbital) Cycles and their role in Earth's climate", climate.nasa.gov/news/2948/milankovitch-orbital-cycles-and-their-role-in-earths-climate/

Allmon, Warren D., Trisha A. Smrecak and Robert M Ross. Climate Change, Past, Present and Future – A Very Short Guide. (Ithaca, NY; Paleontological Research Institution: 2010)

Mann, Daniel H., Pamela Groves, Richard E., Benjamin V Gaglioti, Michael L. Kunz and Beth Shapiro. "Life and extinction of megafauna in the ice-age Arctic", Proceedings of the National academy of Sciences USA 112: 14301–14306

32-33쪽: 공룡의 시대

Gore, Rick. "The rise of mammals", www.nationalgeographic.com/science/article/rise-mammals

"When is a dinosaur not a dinosaur?" www.theguardian.com/science/2009/feb/07/dinosaurs-science-fossils-zoology

Pickrell, John. "How the earliest mammals thrived alongside dinosaurs", Nature 574, 468–472 (2019)

34-35쪽: 티라노사우루스와 꽃의 출현

Friis, Else Marie, Peter R. Crane and Kaj Raunsgaard Pedersen. Early flowers and angiosperm evolution. (Cambridge, UK; Cambridge University Press, 2011)

Boyce, C. Kevin, Jung-Eun Lee, Taylor S. Feild, Tim J. Brodribb and Maciej A. Zwieniecki. "Angiosperms helped put the rain in the rainforests: the impact of plant physiological evolution on tropical biodiversity", Annals of the Missouri Botanical Garden 97: 527–540 (2010)

Mark P. Witton. "Pteranodon and beyond: the history of giant pterosaurs from 1870", Geological Society, London, Special Publications 343: 13–323 (2010)

36-37쪽: 함께 진화하기

Agrawal, Anurag A. Monarchs and Milkweed. A migrating butterfly, a poisonous plant, and their remarkable story of coevolution (Princeton, NJ; Princeton University Press, 2017)

Minet, Joël, Patrick Basquin, Jean Haxaire, David C. Lees and Rodolphe Rougerie. "A new taxonomic status for Darwin's 'predicted' pollinator: Xanthopan praedicta stat. nov.", Antenor 8: 69–86 (2021)

38-39쪽: 포유류의 시대

Collinson, Margaret E. and Jerry J. Hooker. "Paleogene vegetation of Eurasia: framework for mammalian faunas", Deinsea 10: 41–83 (2003)

Padian, Kevin and Brian Swartz. "The evolution of whales", https://evolution.berkeley.edu/what-are-evograms/the-evolution-of-whales/

Storch, G., Burkart Engesser and Matthias Wuttke. "Oldest fossil record of gliding in rodents", Nature 379: 439–441 (1996)

40-41쪽: 초원과 풀을 뜯는 동물들

Harrison, Terry. Proconsul. The international Encyclopedia of Primatology, Vol. III, Fuentes, Agustín (ed.), (John Wiley & Sons, 2017)

Yin, Steph, "How horses got their hooves", www.nytimes.com/2017/08/28/science/horses-hooves-evolution.html

Maguire, Kaitlin Clare and Alycia L. Stigall. "Paleobiogeography of Miocene Equinae of North America: a phylogenetic biogeographic analysis of the relative roles of climate, vicariance, and dispersal", Paleogeography, Paleoclimatology, Paleoecology 267: 1175–184 (2008)

42-43쪽: 조류의 성공

Brennan, P. "Sexual Selection", Nature Education Knowledge 3 (10): 79 (2010)

Bartsch, Conny, Michael Weiss, and Silke Kipper. "Multiple song features are related to paternal effort in common nightingales", BMC Evolutionary Biology 15 (115) (2015)

Borgia, Gerald, Ingrid M. Kaatz and Richard Condit "Flower choice and bower decoration in the satin bowerbird Ptilonorhynchus violaceus: a test of hypotheses for the evolution of male display", Animal Behaviour, Volume 35, Issue 4, pp. 1129–1139. (1987)

44-45쪽: 인류의 진화

Harmand, Sonia et al. "3.3-million-year-old stone tools from Lomekwi 3, West Turkana, Kenya", Nature 521, 310–315 (2015)

Williams, Blythe A., Richard F. Kay, Christopher Kirk E. "New perspectives on anthropoid origins", Proceedings of the National academy of Sciences USA 107: 4797–4804 (2009)

Smithsonian National Museum of Natural History, "What does it mean to be human?" humanorigins.si.edu

46-47쪽: 인류가 세계를 바꾸다

Ahmad, Hafiz Ishfaq, Muhammad Jamil Ahmad, Farwa Jabbir, Sunny Ahmar, Nisar Ahmad, Abdelmotaleb A. Elokil and Jinping Chen. "The Domestication Makeup: Evolution, Survival, and Challenges", Frontiers in Ecololgy and Evolution 8: 103 (2020)

Sullivan, Alexis P., Douglas W. Bird and George H. Perry. "Human behaviour as a long-term ecological driver of non-human evolution", Nature Ecology & Evolution 1, 0065 (2017)

Marshall, Michael. "Humans may have domesticated dogs by accident by sharing excess meat", www.newscientist.com/article/2264329-humans-may-have-domesticated-dogs-by-accident-by-sharing-excess-meat/

48-49쪽: 인류가 만든 세상

Wadgymar, Susana M., Rachel MacTavish and Jill T. Anderson, "Evolutionary consequences of climate change" In: Jacqueline E. Mohan (ed.), Ecosystem Consequences of Soil Warming, Pages 29–59 (London, UK; Academic Press, 2019)

Winchell, Kristin M., Graham R. Reynolds, Sofia R. Prado-Irwin, Alberto R. Puente-Rolón, Liam J. Revell. "Phenotypic shifts in urban areas in the tropical lizard Anolis cristatellus", Evolution 70: 1009–1022 (2016)

Hurley, C. and S. Montgomery. "Peppered moths and Melanism", Darwin 2009 Christ's College. Cambridge, UK (2009)

50-51쪽: 미래

"Young champions of the Earth—Fatema Alzelzela" www.unep.org/youngchampions/bio/2020/west-asia/fatemah-alzelzela

Foggin, Sophie. "Helena Gualinga is a voice for indigenous communities in the fight against climate change" latinamericareports.com/helena-gualinga-voice-indigenous-communities-fight-climate-change/4192/

"Wangari Maathai" www.greenbeltmovement.org/wangari-maathai/biography

Zoeller, Chezza. "Reforestation Hero: Jadav Payeng" www.oneearth.org/reforestation-hero-jadav-payeng/

52-53쪽: 생명의 나무

"Dinosaurs in the Tree of Life" www.geol.umd.edu/~tholtz/H259C/lectures/259Cvertebrates.html

Hidenori Nishihara, Masami Hasegawa and Norihiro Okada. "Pegasoferae, an unexpected mammalian clade revealed by tracking ancient retroposon insertions", Proceedings of the National Academy of Sciences USA 103: 9929–9934 (2006)

Leubner, Fanny, Monika Endres and Matthias Mau. Der Stammbaum der Tiere (Göttingen, Germany; Planet Poster Editions 2018)

자연사 박물관 소장자료

자연사 박물관의 수집물들에 대해

예전에는 지역 주민과 문화를 고려하지 않은 채 생물들을 채집하고 과학 연구를 했어요. 1992년이 되어서야 자연을 보호하고 지역 주민을 존중하며 그 지역에서 얻은 과학 지식을 주민들과 공유하도록 하는 국제 원칙이 마련되었지요. 베를린 자연사 박물관과 런던 자연사 박물관은 이 원칙을 지키고 있으며, 전 세계의 과학자들과 협력 관계를 맺고 있어요. 오늘날 과학은 뛰어난 사람이 홀로 하는 일이 아니라, 많은 사람이 함께하는 연구예요.

감사의 말

이 책은 지구의 역사와 생명의 진화를 돌아보는 탐사 여행과 같아요. 탐사를 떠나려면 여러 분야의 많은 사람들이 모여 탐사대를 꾸려야 해요. 대원마다 맡은 일이 다르지요. 우리도 많은 연구 동료들의 명석한 조언이 없었다면 이 책을 쓸 수 없었을 거예요. 독일 베를린 자연사 박물관(MfN)뿐 아니라 세계 각지에서 일하는 분들에게 고마움을 전합니다.

알렉산더 R. 슈미트(독일 괴팅겐대학교), 안드레아 데노(영국 런던 린네협회), 크리스티나 바임포르데(독일 괴팅겐대학교), 다니엘라 슈바르츠(MfN), 디터 코른(MfN), 파이살 비비(MfN), 플로리안 비츠만(MfN), 프리더 마예르(MfN), 하랄트 슈나이더(중국 윈난 시솽반나 열대 식물원), 헬렌 그리스(독일 베를린 중동 박물관), 제임스 T. 코스타(미국 웨스턴캐롤라이나대학교), 얀 페터 두다(독일 괴팅겐대학교), 재니스 안토노빅스(미국 버지니아대학교), 요하네스 포겔(MfN), 외르크 프로비슈(MfN), 로렌 섬너 루니(MfN), 레일라 J. 세이풀라(오스트리아 빈대학교), 루드비히 루타르트(MfN), 마르크 올리버 뢰델(MfN), 메리 지비(영국 에든버러 왕립 식물원), 미카엘 오흘(MfN), 미르얌 크뇌른실트(MfN), 모제스 블롬(MfN), 니컬러스 J. 코나드(독일 튀빙겐대학교), 피터 윌프(미국 펜실베이니아 주립대학교), 로버트 쿠이먼(오스트레일리아 시드니 매쿼리대학교), 샌드라 냅(영국 런던 자연사 박물관), 구라타니 시게루(일본 고베대학교), 슈테판 슐트카(MfN), 실케 프라네르트(MfN), 토머스 크뤼저(미국 로렌스 리버모어 국립 연구소), 워싱턴 타피아 아길레라(에콰도르 갈라파고스 국립공원), 야라 하리디(미국 시카고대학교). 또 이 책을 위해 특별히 정원달팽이 연구 과제를 수행해준 노라 렌트게-마스와 한스 렌트게 부부와 딸 이다 렌트게에게도 감사드려요.

이 책을 쓸 때 런던 자연사 박물관의 협조를 받았어요. 도움을 준 콜린 치글러를 비롯한 여러 직원분들께도 감사드립니다.

마지막으로 크리스토퍼 로이드와 출판사에도 고마움을 전합니다. 특히 꾸준히 조언해 주고 뛰어난 편집 실력을 발휘한 케이티 레넌, 책을 멋지게 디자인해 준 넬 우드, 회의 때 늘 영감을 준 낸시 페레스턴께 감사해요. 그리고 멋진 삽화로 글에 생기를 불어넣은 올가 바우머트에게도 고맙다는 인사를 드립니다. 내용이 과학적으로 올바른지를 꼼꼼히 검토한 스티븐 M. 토메첵에게도요.

세라는 늘 인내심과 애정을 보여준 요하네스, 레오, 요스에게.
에바는 한결같이 격려와 사랑과 지원을 보여준 하미트에게 고맙다는 말을 전합니다.

저자 소개

세라 다윈 Dr. SARAH DARWIN

나는 원래 미술을 공부했어요. 그러다가 과학자가 되었지요. 내 전문 분야는 식물학이에요. 지난 몇 년 동안 한 번에 몇 달씩 갈라파고스 제도에 머물며 조사했고, 갈라파고스 토마토를 연구했어요. 얼마 전부터는 베를린에서 나이팅게일을 연구하고 있어요. 멋진 노래를 부르지만 수줍음 많은 작은 새지요. 찰스 다윈은 내 고조할아버지예요. 어릴 때는 할아버지의 연구가 얼마나 중요한지 몰랐어요. 하지만 지금은 정말로 놀라운 발견이라는 사실을 잘 알아요. 할아버지가 밝힌 진화 이야기를 책으로 쓰는 일은 정말 즐거웠답니다! 우리는 자연의 지배자가 아니라 일부임을 명심해야 해요. 자연과의 소중한 관계를 아끼고 지켜야 해요.

에바 마리아 샤도우스키 Dr. EVA-MARIA SADOWSKI

나는 오래전에 살았던 식물을 연구하는 고식물학자예요. 그중에서도 주로 호박에 갇힌 식물을 조사하지요. 호박 안에 갇힌 식물은 신기하게도 수백만 년 전에 살았던 그대로 잘 보전되어 있어요. 이런 식물 화석 중에는 현존하는 친척들과 모습이 다른 것이 많아요. 덕분에 우리는 시간이 흐르면서 식물이 어떻게 진화하고 달라졌는지 이해할 수 있어요. 호박처럼 이 책도 지구의 과거 환경을 들여다보는 유리창과 같아요. 우리는 이 책을 쓰며 풍요롭고 흥미로운 우리 세계가 어떻게 진화했는지 알려주고 싶었어요. 지구 생명의 역사를 이해하면 오늘날 우리가 사는 세계가 어떻게 움직이고 있는지 알 수 있어요. 또 앞으로 어떻게 달라질지도요. 그러면 지구 생물들이 영향을 주고받는 복잡한 생태계 속에 살아가며 좀 더 슬기로운 판단을 내리고 행동할 수 있을 거예요.

세라와 에바 마리아는 베를린 자연사 박물관의 라이프니츠 진화와 생물다양성 과학 연구소에서 연구를 하고 있어요.

사진 출처 세라: 한스 펠스 촬영 | 에바 마리아: 화 자 괴츠 촬영

협력 기관

독일 베를린 자연사 박물관

독일 베를린 자연사 박물관(MfN)은 독일 베를린 중심에 위치한 라이프니츠 협회에 통합된 연구 박물관입니다. 생물학적, 지질학적 진화와 생명다양성 분야에서 전 세계적으로 가장 중요한 연구 기관 중 하나입니다.

베를린 자연사 박물관은 지구의 미래에 대한 과학적, 사회적 담론에 참여하고 영향을 미치기 위해 노력하고 있습니다. 3,000만 점 이상의 소장품을 활용하여 연간 100만 명 이상의 방문객을 대상으로 펼치는 다양한 교육 및 기타 행사를 통해 지구의 미래에 대한 과학적, 사회적 대화의 장을 만들어 가고 있습니다.

더 자세한 정보를 원하시면, 아래 사이트를 방문해 보세요.
www.museumfuernaturkunde.berlin/en

영국 자연사 박물관

영국 런던 자연사 박물관(NHM)은 약 8,000만 점에 달하는 거대한 자연 표본을 소장한 선도적인 과학 연구 센터입니다. 찰스 다윈 시대부터 현재까지 수집한 표본들은 식물학, 곤충학, 광물학, 고생물학, 동물학 5개 주요 분야로 나뉘며, 찰스 다윈의 이름을 딴 다윈 센터에서 보관하고 있습니다. 세계 자연사 및 관련 분야 연구의 중심지로 여겨지고 있습니다.

또한 매년 500만 명이 넘는 관람객이 찾는 런던의 대표 박물관이기도 합니다. 사람과 지구가 함께 살아가는 미래를 위한 교육에도 적극적으로 나서고 있습니다.

더 자세한 정보를 원하시면, 아래 사이트를 방문해 보세요.
www.nhm.ac.uk

옮김 이한음

서울대학교에서 생물학을 공부했고, 전문적인 과학 지식과 인문적 사유가 조화된 번역으로 우리나라를 대표하는 과학 전문 번역가로 인정받고 있습니다. 케빈 켈리, 리처드 도킨스, 에드워드 윌슨, 리처드 포티, 제임스 왓슨 등 저명한 과학자의 대표작을 우리말로 옮겼지요. 과학의 현재적 흐름을 발 빠르게 전달하기 위해 과학 전문 저술가로도 활동하고 있으며, 청소년 문학을 쓴 작가이기도 하답니다.

지은 책으로는 『바스커빌가의 개와 추리 좀 하는 친구들』, 『생명의 마법사 유전자』, 『청소년을 위한 지구 온난화 논쟁』 등이 있으며, 옮긴 책으로는 『우리는 왜 잠을 자야 할까』, 『노화의 종말』, 『생명이란 무엇인가』, 『어떻게 인간과 공존하는 인공지능을 만들 것인가』 등이 있습니다.

과학으로 풍덩 001
진화 EVOLUTION
생명의 기원부터 현재까지

글 세라 다윈, 에바 마리아 샤도우스키 | **그림** 올가 바우머트 | **옮김** 이한음

1판 1쇄 인쇄 | 2025년 5월 23일
1판 1쇄 발행 | 2025년 6월 4일

펴낸이 | 김영곤 **펴낸곳** | (주)북이십일 아울북
TF팀 팀장 | 김종민
기획편집 | 신지예 **마케팅** | 이민재 정성은
편집 | 정지은 김지혜 김경애 **디자인** | 이찬형
영업팀 | 한충희 장철용 강경남 황성진 김도연
제작팀 | 이영민 권경민
해외기획팀 | 최연순 소은선 홍희정

출판등록 | 2000년 5월 6일 제406-2003-061호
주소 | (우 10881) 경기도 파주시 회동길 201(문발동)
대표전화 | 031-955-2100 **팩스** | 031-955-2151 **이메일** | book21@book21.co.kr

ISBN 979-11-7357-207-4 (77400)

* 책값은 뒤표지에 있습니다.
* 이 책 내용의 일부 또는 전부를 재사용하려면 반드시 (주)북이십일의 동의를 얻어야 합니다.
* 잘못 만들어진 책은 구입하신 서점에서 교환해 드립니다.

KC
• **제조연월** | 2025.06. • **제조자명** | (주)북이십일
• **주소 및 전화번호** | 경기도 파주시 회동길 201(문발동) / 031-955-2100
• **제조국명** | 대한민국 • **사용연령** | 5세 이상 어린이 제품